困境与破局

东亚市场一体化研究

[日] 杉本孝　编著

孙　庚　译

世界知识出版社

图书在版编目（CIP）数据

困境与破局：东亚市场一体化研究 /（日）杉本孝
编著；孙庚译 . —北京：世界知识出版社，2022.8
ISBN 978-7-5012-6532-9

Ⅰ . ①困… Ⅱ . ①杉… ②孙… Ⅲ . ①市场经济—经
济一体化—研究—东亚 Ⅳ . ① F131.039

中国版本图书馆 CIP 数据核字 (2022) 第 063131 号

图字：01-2021-4411 号

书　　　名	困境与破局：东亚市场一体化研究 Kunjing Yu Poju：Dongya Shichang Yitihua Yanjiu
责任编辑	谢　晴
特约编辑	龚玲琳
责任出版	赵　玥
责任校对	张　琨
编　　著	[日] 杉本孝
译　　者	孙　庚
出版发行	世界知识出版社
地址邮编	北京市东城区干面胡同 51 号（100010）
网　　址	www.ishizhi.cn
电　　话	010-65265923（发行）　010-85119023（邮购）
经　　销	新华书店
印　　刷	三河市龙大印装有限公司
开　　本	710 毫米 ×1000 毫米　1/16
印　　张	12.25 印张
字　　数	192 千字
版次印次	2022 年 8 月第 1 版　2022 年 8 月第 1 次印刷
标准书号	ISBN 978-7-5012-6532-9
定　　价	55.00 元

本译著为国家社会科学基金项目"改革开放 40 年来
日本人中国观变迁研究"的阶段性成果，
立项编号 19BXW049。

卷首语

探索从东亚经济一体化到建立东亚共同体之路径

中曾根康弘 *

提到"东亚"这个词，我们应该怎样来界定它的范围呢？是否要把印度、澳大利亚、新西兰纳入其中？还有，应该怎样看待俄罗斯的作用？甚至于东亚经济一体化过程中应该怎样协调它与欧盟和美国的关系？东亚的未来蕴含着很多可能性，其内涵丰富，涉及复杂且多方面的内容。因此，我们既要探讨东亚内部的各种问题，也有必要深入研究东亚所面临的对外关系。

政治一体化、文化一体化、经济一体化等都是东亚一体化过程中的重要因素，综合性的一体化更需要全盘考虑所有相关要素。正因为如此，必须要有一个复杂的、长期的、多元化的思考方法来帮助我们理解一体化所面对的现实和未来。

经济一体化是这些要素中的重要部分之一。如果没有亚洲的经济活力和发展潜力，就没有世界的繁荣。以1997年亚洲金融危机为契机，一个探讨经济一体化理论及其路径的氛围和环境已经形成。我们认为，一体化是一套未来的、以考察市场、经济、环境、资源等内容为基础的设计，其中，资源、货币和环境是一体化的主轴。但实际上，与欧盟、北美自由贸易区（North American Free Trade Area, NAFTA）的关系也是一体化的重大要素之一。无论是在历史上还是在当代，欧洲和美国都对亚洲经济产生着非常重要的影响。

---

* 中曾根康弘（1918.5.27—2019.11.29），日本前首相，时任日本世界和平研究所所长。

　　纵观世界经济现状，在由国际货币基金组织（International Monetary Fund，IMF）、世界银行体系（由经济系统、社会系统、生态系统构成）和 G20（20 国集团）组成的新型框架下，以实现共同货币为长期目标的亚洲崛起成为世界经济的第三极，这一现象令人奋进勃发。今天，世界经济的增长中心正在从西向东移动，亚洲地区做好应对政治或经济危机的准备也十分重要。强化和完善以美元为中心的现有体制必不可少。亚洲在谋求未来发展的同时，也应为全世界的可持续稳定发展作出贡献。

　　21 世纪初是东亚地区集中处理不良资产的时期，亚洲有必要构筑新型的国际金融援助和监管体制。日本应当有效地运用自身经验，特别是应对 20 世纪 90 年代金融风暴的经验，再次建构新时期条件下的《清迈倡议》，强化和充实亚洲开发银行的作用。从中长期发展角度看，我们有必要分三个阶段来完成一体化任务，即为了今后繁荣稳定的亚洲经济，首先是构筑区域内协调机制，到 21 世纪 20 年代，创设包括日元、人民币、韩元以及其他亚洲货币的亚洲共同货币单位，以至于在未来一段时间，导入亚洲共同货币。要实现这些目标，需要依靠包括日本在内的亚洲各国建立积极的合作关系，共同付出更多的努力。我们必须把一体化定位于亚洲各国的共同目标。

（撰写于 2011 年下半年）

序　言

　　人类一直在不断发生的战争中谋求和平。战争获胜方以权力带来新的和平，在权力所辖范围内和平的商业活动得到保障。如此可以说，几乎在人类漫长历史的所有时期，市场一体化在权力一体化后如影随形。

　　不过，这种关系随着国民国家①的建设、技术的进步以及跨国企业的发展发生了逆转。虽然也有例外，但是具有相同语言、文化、历史、宗教等的民族作为权力一体化的单位被极大地巩固。一方面，战争在几乎被视作同一民族的内部反反复复进行，直到把权力一体化的范围扩大到国民国家后，较之以前再想扩张权力就会变得难上加难，权力的扩张速度也大不如前。另一方面，技术的飞速进步和跨国企业的成长使超越国家范围的商业活动迅速扩大。巨型轮船的大量运输、飞机的快捷便利、信息通信的飞速发展简化了不少超过国家边界的商业活动，在全球范围内跨国企业的成长和发展使经济效率化的构想成为可能，在超越国家的框架范围内，成为基于经济合理性、促进市场一体化的原动力。

　　核武器的出现也推动了这一趋势。被投在广岛和长崎的原子弹，其威力让全世界人民感到了深刻的威胁，在发动两次世界大战的德国和日本的政治领导人中，对可能引起的第三次世界大战导致人类毁灭存在强烈危机感并蔓延至普通市民阶层。欧洲发起欧洲一体化的热潮，以超越国界的市场一体化为先导，有目的地朝着开拓不同民族国家间的政治一体化之路而努力。

　　这股一体化热潮在东亚却没有形成。日中韩三国在历史上缺乏相互信赖，彼此间存在着根深蒂固的不信任。

---

　　①日本学术界通常将近代以来形成的国家称为"国民国家"，特别是20世纪90年代出现对历史学影响很大的"国民国家论"。

而且，我觉得这种情绪有点像第一次世界大战后德国对法国国民的复仇情绪。当时战败国德国支付了高达 1320 亿金马克天文数字的赔款。基于复仇情绪的赔偿要求使希特勒获得合法政权成为可能，不可避免地导致了第二次世界大战爆发。在第二次世界大战中，人类付出的惨重牺牲历历在目，这样的历史绝不能重演。

事实上，历史没有重演，日中两国经历了 14 年的战争，中国领导人确信复仇情绪对两国人民没有任何益处，所以放弃了对日赔偿要求。不过，日本的一部分国民已经忘记了此事的厚重意义，中国普通民众对日本忘恩的愤怒难以消解。美国学者傅高义①教授指出，"在东亚历史中，日中不能同为强国"。如果对仇日和厌华置之不理的话，就不可能认识到"历史总在重复"的箴言是真理。

因此，在东亚，特别是日中韩之间，需要朝着市场一体化方向努力。这事关深化地区经济、文化的相互交流和相互信赖，确认和平构建实质性的融合道路与未来政治一体化的道路相连。这是本书写作的意图。

本书由三部分构成：第一部分收录了 2009 年 10 月 29 日在京都大学召开的国际研讨会"东亚市场一体化之路——日中韩和平构建路径图"的会议记录；第二部分收集了参加第一部分研讨会的嘉宾围绕主题阐述各自主张而撰写的相关论文；第三部分是策划本次研讨会的笔者之见，我认为在推进东亚市场一体化问题上，最大的障碍是日中之间的互不信任。

第一部分由哈佛大学名誉教授傅高义在研讨会上的主旨报告、日中韩有识之士的基本观点阐释以及这些嘉宾们的专题讨论构成。傅高义教授从与本地区具有深度关系的美国立场出发，在其报告中论及推动东亚市场一体化、日中韩相互合作的现状和进一步加强的必要性。由此，日中韩三国的有识之士从各自的立场阐述了基本见解。中国方面，由长

---

①傅高义（Ezra F.Vogel，1930.7—2020.12.20），美国东亚研究专家，哈佛大学荣休教授，著有《邓小平时代》一书。

期担任中共中央政策研究室副主任、主要研究领域为宏观经济理论与政策、参与起草经济政策的中国工业经济学会会长郑新立[①]先生发言。韩国方面，由国立首尔大学社会学部教授、首尔大学和平统一研究所所长朴明圭教授发言。日本方面，外交界由原驻美大使、时任世界和平研究所理事长大河原良雄先生，产业界由原经济团体联合会副会长、三井物产株式会社特别顾问（原三井物产株式会社社长、会长）上岛重二先生，金融界由株式会社三井住友银行会长北山祯介先生，学界由早稻田大学研究生院浦田秀次郎教授先后发言。随后，在这些嘉宾的主旨报告和基本观点的基础上，会议分两个论题进行专题讨论。第一个论题是，"到现在为止的东亚市场一体化是东盟（Association of Southeast Asian Nations，ASEAN）先行，日中韩和东盟分别签署了自由贸易协定（Free Trade Agreement，FTA），日中韩才出现了两国间、三国间相互签订协议的情况，这种动作缓慢的原因何在"。第二个论题是，"第一个论题的专题讨论已经明确了日中韩间信赖不够，那么改善现状并成为相互信赖的邻国，日中韩应该共同采取怎样的措施，以及日中韩各自应该采取怎样的措施"。围绕这些论题，参会嘉宾进行了有意义的研讨。

第二部分收集了嘉宾所撰写的论文。他们参与了第一部分研讨，而且提出了各自的观点。傅高义教授的论文主要阐述美国对东亚一体化的应对和作用以及日中韩的应对和课题。大河原良雄先生的论文从日中韩首脑交流的角度梳理了东亚区域内部对话的历史脉络。浦田秀次郎教授阐述了东亚签署自由贸易协定的动向和日本的作用。朴明圭教授的论文主题是东北亚的区域合作和构建信赖关系。郑新立先生的论文主张日中韩的合作应以能源和环境为优先领域。最后由笔者在理解这些论文的基础上，撰写了关于日中韩国民感情现状的论文，我认为这些是论题的基础。

---

①郑新立（1945—），中国著名经济学家。主要研究领域为宏观经济理论与政策。中共中央政策研究室原副主任，现任中国国际经济交流中心常务副理事长、中国社会科学院研究生院政府政策系博士生导师。

第三部分整理了笔者的见解。笔者认为在推进东亚市场一体化进程中，当前最大的障碍是日中间互不信赖问题。论文首先在梳理东亚市场一体化现状的基础上，指出日中韩三国市场一体化动作迟缓的原因，是源于日中韩三国的近代史，直接原因是中华人民共和国政府放弃对日战争赔偿要求，以及日本对此的几次草率应对。日本感谢中华人民共和国政府放弃战争赔偿要求的恩义，日本财经界的许多人士通过对华贷款、大型成套设备出口和技术转让等，努力回馈中国。不过，第一次对华贷款在实施之时，日本丝毫没有提及这是对中华人民共和国政府放弃赔偿要求的感恩回馈，反倒是强调了"对华经济合作三原则"中的第二原则（不牺牲与东盟各国的合作关系），采取了等同于否定回馈中国的说法。其结果导致，中国政府认为日本的对华日元贷款只是经济合作与发展组织（Organization for Economic Co-operation and Development, OECD，以下简称"经合组织"）给予发展中国家中国的援助，向中国转让技术也只是被评价为这是日本企业为了与拥有巨大市场的中国建立长期关系的纯商业行为，日本没有把这些事实告知本国国民。这使得中国普通民众认为虽然没有要求日本对战争进行赔偿，但是日本没有表达一点点知恩图报之心，是个装聋作哑的国家。为化解这种因战争形成的坚硬的"日中不信赖结构"，实现两国真正意义上的融合，本论文主张日本应在实施新日元贷款政策时，明确表明"自发感恩"的意思。

在结束介绍本书概要之际，我需要向各位执笔者和读者致歉，由于本人能力不足，拖延到今日，本书才得以出版。2009年10月召开研讨会后，笔者本来计划该书于2010年3月出版，并以此为期撰写论文和编辑文稿。到2010年2月末，本书第二部分收录的文章，除了我写作的第六章外其余论文都已完稿。由于笔者的能力不足，时至今日我才完成所撰写的论文，这给其他的执笔者带来诸多不便。这里，向各位执笔者诚挚致歉。

当然，诸位的论文在依据东亚市场一体化的历史、明确长期构造、考察区域未来等方面具有很高的价值。不过，因所记叙的内容不包括从

2010 年 3 月以后至今的推移，如果有减损学术价值的一面，笔者必须负全责。请各位读者理解。

　　本书是关西城市银行资助讲座"关西经济经营论"、三井住友银行资助讲座"东亚绿色经济论"的研究成果，衷心向资助者表示感谢。

　　本书面向东亚市场一体化和日中韩真正融合，唯愿为推进这项事业有所贡献。

京都大学经营管理研究生院　特命教授

杉本孝

目　录

第一部分
东亚市场一体化之路——日中韩和平构建路径图

第二部分
东亚市场一体化现状及发展的课题

第三部分
怎样实现真正的日中睦邻友好

第一部分

东亚市场一体化之路
——日中韩和平构建路径图

致辞

主持人　杉本孝

　　京都大学经营管理研究生院、关西城市银行资助讲座国际研讨会"东亚市场一体化之路——日中韩和平构建路径图"（见图1-1　研讨会日程）现在开始。

　　感谢百忙之中出席本次研讨会的各位嘉宾。我是今天的主持人杉本孝。虽然我不太习惯（主持会议），但是我希望在诸位的帮助下，将本次会议开成一个有意义的研讨会，请多多关照。

14:00	开幕词	成生达彦（京都大学经营管理研究生院　院长）
14:05	资助方致辞	北幸二（关西城市银行　行长）
14:08	赞助方致辞	小原雅博（外务省亚洲大洋洲局　审议官）
14:10	来宾致辞	中曾根康弘（世界和平研究所　所长）
14:20	主旨报告	傅高义（哈佛大学　荣誉退休教授）
14:50—16:25 基本观点阐述		郑新立（中国工业经济学会　所长）
		朴明圭（国立首尔大学　教授）
		浦田秀次郎（早稻田大学研究生院　教授）
		大河原良雄（世界和平研究所　理事长）
		上岛重二（三井物产株式会社　特别顾问）
		北山祯介［（株）三井住友金融集团　执行董事长］
		杉本孝（京都大学经营管理研究生院　客座教授）
16:25—16:40 茶歇		
16:40—17:40 专题讨论		傅高义（哈佛大学　荣誉退休教授）
		朴明圭（国立首尔大学　教授）
		郑新立（中国工业经济学会　会长）
		大河原良雄（世界和平研究所　理事长）
		上岛重二（三井物产株式会社　特别顾问）
		北山祯介［（株）三井住友金融集团　执行董事长］
		浦田秀次郎（早稻田大学研究生院　教授）
		杉本孝（京都大学经营管理研究生院　客座教授）
17:45	闭会	

图1-1　研讨会日程

欧洲一体化动向

历经两次世界大战的欧洲 ⇒ 不战的愿望渗透 ⇒ 一体化机遇

1951 年 4 月	签订欧洲煤钢共同体（ECSC）条约
1957 年 3 月	签订《欧洲经济共同体（EEC）条约》《欧洲原子能共同体（EURATOM）条约》
1958 年 1 月	欧洲经济共同体（EEC）成立
1967 年 7 月	合并欧洲煤钢共同体（ECSC）、欧洲原子能共同体（EURATOM）、欧洲经济共同体（EEC），成立欧洲共同体（EC）
	（加入国有法国、西德、意大利、荷兰、比利时、卢森堡）
1973 年 1 月	欧洲共同体（EC）扩大（英国、爱尔兰、丹麦加入）
1981 年 1 月	希腊加入欧洲共同体（EC）
1986 年 1 月	西班牙、葡萄牙加入欧洲共同体（EC）
1992 年 2 月	签订《马斯特里赫特条约》（《欧洲联盟条约》）
1993 年 10 月	欧洲联盟（EU）成立，以共同外交、欧盟公民权、统一货币制度为目标
1995 年 1 月	奥地利、芬兰、瑞典加入欧盟（EU）
	挪威经全民公投否决加入
1997 年 10 月	签订《阿姆斯特丹条约》（新欧洲联合条约→一体化→进一步强化）→ 1999 年 5 月生效
1998 年 5 月	成立欧洲中央银行
1999 年 1 月	导入欧洲统一货币（开始为期三年的过渡期，法律上的各国货币退出）
2002 年 1 月	开始流通欧元
2004 年 5 月	东欧等十国加入欧盟（EU）（拉脱维亚、立陶宛、爱沙尼亚、波兰、匈牙利、捷克、斯洛文尼亚、斯洛伐克、马耳他、塞浦路斯）
2007 年 1 月	保加利亚、罗马尼亚加入欧盟（EU）（欧盟 27 国体制建立）
2007 年 12 月	签订《里斯本条约》[新《欧盟宪法条约》），2009 年 10 月各成员国批准完毕]

东亚市场一体化动向

1954 年 9 月	成立东南亚条约组织（SEATO）
	（创始国为泰国、菲律宾、巴基斯坦、新西兰、美国、英国、法国、澳大利亚）
1967 年 8 月	成立东南亚国家联盟（ASEAN）
	（成员国有印度尼西亚、新加坡、泰国、菲律宾、马来西亚）
1984 年 1 月	文莱加入东南亚国家联盟（ASEAN）（共 6 个成员国）
1989 年 11 月	亚太经济合作组织（APEC）第一次会议召开（12 个成员分别是日本、韩国、泰国、马来西亚、印度尼西亚、新加坡、菲律宾、文莱、澳大利亚、新西兰、美国、加拿大）
1991 年 11 月	亚太经济合作组织（APEC）第三次会议召开，中国、中国香港、中国台北加入（成员有 15 个）
1993 年 11 月	亚太经济合作组织（APEC）第五次会议召开，墨西哥、巴布亚新几内亚加入（成员有 17 个）
1994 年 7 月	东南亚国家联盟（ASEAN）地区论坛（ARF）第一次外长会议召开
1994 年 11 月	亚太经济合作组织（APEC）第六次会议召开，智利加入（成员有 18 个）
1995 年 7 月	越南加入东南亚国家联盟（ASEAN）（共 7 个成员国）
1997 年 7 月	缅甸、老挝加入东南亚国家联盟（ASEAN）（共 9 个成员国）
1998 年 11 月	亚太经济合作组织（APEC）第十次会议召开，秘鲁、俄罗斯、越南加入（成员有 21 个）
1999 年 4 月	柬埔寨加入东南亚国家联盟（ASEAN）（共 10 个成员国）

图 1-2 欧洲与东亚市场一体化大事记

日中韩和东盟（ASEAN）签署自由贸易协定（FTA）情况

中国
2002年11月签署协议，到2010年建成中国—东盟自由贸易区（FTA）
2004年1月开始，对农产品降税
2005年7月，《货物贸易协议》生效

韩国
2005年4月开始谈判
2007年6月生效

日本
2005年4月开始谈判
2008年12月生效

ASEAN

东亚太平洋地区经济合作构想

ASEAN 10+3 FTA 构想
中国 + 韩国 + 日本
+
ASEAN 10

ASEAN 10+6 FTA 构想
中国 + 韩国 + 日本
+
ASEAN 10
+
印度 + 澳大利亚 + 新西兰

亚太自由贸易区构想（FTAAP）
中国 + 韩国 + 日本
澳大利亚 + 新西兰
ASEAN？（除缅甸、老挝、柬埔寨外）
美国 加拿大 墨西哥 秘鲁 智利 中国香港 俄罗斯 巴布亚新几内亚

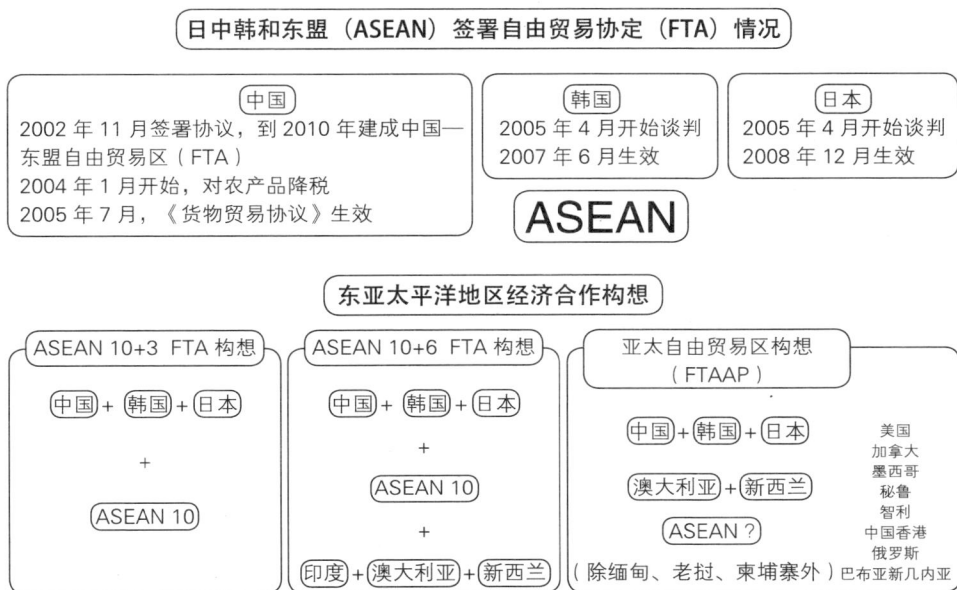

图1-3　日中韩和东盟（ASEAN）签署自由贸易协定（FTA）情况和东亚太平洋地区经济合作构想

　　首先说明一下各位手边的资料，一份是"东亚市场一体化之路"资料，另一份是专题研讨中各位演讲人的演讲内容要点。

　　在"东亚市场一体化之路"资料中，图1-2是欧洲一体化动向与东亚市场一体化动向，图1-3是日中韩和东盟签署自由贸易协定情况和东亚太平洋地区的经济合作构想。（加了一些简单的图表做辅助说明，供大家在随后的讨论中参考）

　　图1-3反映了日中韩分别与东盟签署自由贸易协定，但是日中韩三国间的自由贸易协定交流却迟迟没有动作。

　　好，现在正式开会。有请主办方代表，京都大学经营管理研究生院院长成生达彦致辞。有请！

开幕词　成生达彦

　　我是京都大学经营管理研究生院院长成生。向在百忙之中出席我们洲很像。因此，在日中韩三国间实现和平，需要我们有意识地付诸努力。那么，有请傅高义先生。

主旨报告

面向东亚合作的美中日韩现状及课题　傅高义

我是傅高义。今天有翻译人员在场，我就用英语发言。请原谅。

非常荣幸受邀参加今天的研讨会，并做报告。特别是排在日本历史上伟大首相之一、直到今天还展示着远见卓识和大局观的前首相中曾根康弘先生之后发言，我更是荣幸之至。我要向为本次研讨会得以召开付出心力的杉本孝教授以及主办方的其他工作人员，并向参加研讨会的各位嘉宾表示感谢。

今天，我们为考察不断进展中的东亚市场一体化而聚集一堂。与其说我的发言是详细地介绍贸易关系，不如说侧重东亚市场中经济合作更加密切的四国，即美中日韩这四个国家社会层面、政治层面的动向，从更宏观的层面阐述观点。

半个世纪以来，我作为学者所做的研究与这一问题密切相关。我坚信美国、中国、日本、韩国间更好的合作关系到所有国家的利益。而且，我很高兴看到为实现更高水平的合作，各方人士都在努力。我认为更好地推动这些国家间的合作，相互理解是必要的，有必要从更加宏观的立场来理解这些国家所处的状况。

那么，我就谈一谈各国现在是什么情况。先说美国、中国，然后说日本、韩国，最后再来介绍我们之间的合作所涉及的相关问题。

众所周知，美国总统奥巴马正在纠正"9·11"恐怖袭击事件后、研究生院和关西城市银行资助讲座举办的国际研讨会"东亚市场一体化之路"的各位嘉宾表示诚挚的欢迎。我在此说两句。

我们研究生院成立于 2006 年，以培养高级专业人才为目的，学生学习两年后可获得商学院 MBA 学位。在我们研究生院中，有一些由认同办学理念的企业提供的若干资助讲座。其中之一就是关西城市银行的资助讲座，讲座开设了关西经济经营论、关西风险企业论等课程，同类课程还有一个东亚市场论的资助讲座。要使关西经济恢复活力，我们和亚洲各国的合作非常重要，应该大力推进。因此，由伊藤会长、北行长牵头，在关西城市银行的创意下开设了这门课程。

今年（2009 年）4 月，讲授东亚市场论的杉本提议举办国际研讨会。那时候，对到底能否请到知名的嘉宾参会，我们多少有些不安。我们多虑了，6 个月后的今天，作为大会的主办方，我们非常感谢各位，同时也非常骄傲地邀请到了各界的有识之士参会，包括前首相中曾根康弘、哈佛大学荣誉退休教授傅高义以及中国著名经济学家郑新立先生、国立首尔大学朴明圭教授、世界和平研究所大河原良雄理事长、三井物产特别顾问上岛重二先生、三井住友金融集团北山祯介执行董事长、早稻田大学浦田秀次郎教授，等等。此外，还有许多给我们提供帮助的人员参会。今天，本次研讨会得以召开，我们感到研讨会的主题切合时宜。

鸠山（由纪夫）[1]就任首相后，倡导共同体构想。但是今天，当我们观察东亚现状时发现，一下子跨越到共同体未必现实。如果没有卓有成效的市场一体化、推进经济与货币一体化、扎扎实实地构建和平框架、逐步推进政治一体化，我想就不会开拓出通向共同体的路径。树立共同体这一长远目标固然重要，但是其路径的重要性不逊于目标本身。

本次研讨会就是聚焦于此。祝愿本次研讨会的召开对日本、中国、韩国以及东亚的将来能有重要意义，并祝本次研讨会取得丰硕成果。以

---

[1] 2009 年 9 月 16 日，日本民主党党首鸠山由纪夫当选日本首相。

上是我简短的开幕致辞。

　　谢谢。

　　主持人：感谢成生先生。

　　接下来，有请资助方代表，关西城市银行行长北幸二先生致辞。

资助方致辞　　北幸二

　　我是关西城市银行的北。恕我冒昧，请允许我说两句。

　　研讨会召开之际，会议主办方——京都大学经营管理研究生院和关西城市银行的资助讲座，在2007年设立时，我们给予了协助。今年正好是第三个年头。关西城市银行隶属总行，即设在大阪的三井住友银行集团，是一家主要服务于零售业的专业银行。2007年正赶上我们银行成立85周年纪念，作为纪念活动的一部分，我们开始资助这个讲座，到今年正好进入第三年。

　　我们地方金融机构和地方经济不可分割。因此，发展关西经济，或者使经济有活力，需要通过研究地方经济，培养能担当地方经济未来重任的人才。秉持这种理念，我们开始了资助讲座。

　　讲座第三年的题目是"日本、中国、韩国三国间构建和平的路径"，这是一个宏大的题目。关西和亚洲有着非常深入的历史渊源。大阪这个地方，在过去，从飞鸟时代到平安时代是遣隋使、遣唐使船只出发的码头。相传码头旧址就在住吉大社附近的住吉港，从这件事可以看到，这里是最早接受大陆文化的地方。而且，从今年的贸易统计数据来看，亚洲贸易在近畿圈贸易额中占到六成，大大高于全国四成的比例，其中，一半是对中国和韩国的贸易。正因为这种关系，所以使得关西在经济上比我国的其他地区与中韩两国的联系更密切。因此，我很期待今天作为参会者聆听嘉宾们的意见。

　　最后，本资助讲座也借此机会，向成生院长、盐泽教授、杉本教授以及许许多多研究关西经济发展、亚洲和平建设的学者表示感谢。我也希望今天的研讨会能成为今后我国经济发展的一个指南。我的发言至此，谢谢。

主持人：谢谢北先生。

从 2009 年 4 月起我们着手准备研讨会，今天得以召开，有赖于相关各方朋友的大力支持。我们再次向以外务省为首的赞助方，包括世界和平研究所、日本贸易振兴会、日中经济协会、日韩经济协会、亚洲调查会的各位朋友表示衷心的感谢。这里，请外务省亚洲大洋洲局审议官小原雅博先生致辞。

赞助方致辞　小原雅博

请允许我代表赞助方致辞。

日本政权的更迭已经经过了 40 天，国会的论战也开始了，我们简直就处于漩涡中心。在这样的环境中，鸠山继任首相后，倡议东亚共同体构想，2009 年 10 月以来在东亚召开了两次与此相关的会议。我也深度参与了这些会议，其中一个就是日中韩领导人会议。首次日中韩领导人会议于 2008 年 12 月在福冈召开。2009 年是第二次举行，在北京召开的这次日中韩领导人会议，进行了各种讨论，并在联合声明中就东亚共同体构想的长期愿景达成一致意见，即在地区合作下推动这一事业。也就是说，它不是建立专属经济区，而是就确保开放性、透明性、包容性，以及向地区外开放的形式来推动区域合作达成一致意见。

前几天在泰国召开了"东盟＋3"领导人会议，随后召开了东亚峰会（East Asia Summit，EAS）。会上也谈论了此事，联合声明中加入了激活鸠山首相倡议的提案以及评价的文字。在这次会议上，也对"开放"进行了讨论，我想围绕东亚共同体进行的讨论，关键词不就是"开放"吗？"开放"这个关键词虽然包含各种意思，但是不能忘记的是，日本自身需要建设面向亚洲、太平洋地区开放的经济和社会，这是东亚共同体构想不在纸上谈兵的不可欠缺的条件。尽管国内有一系列的难题，但是通过国会讨论将会逐渐使构想明确化。

当下，日本政府在思考这一构想之际，有两条途径：一是利用所说的渐进主义、功能主义的方法，在可能的领域一步步推进合作，这正是今天研讨会的题目。在经济金融等领域，我们需要在实体面大力加强合作。在这些领域或者全球化中，一个地区需要共同面对各种跨越国境的问题，如传染病、流感以及恐怖主义、海盗、环境污染、气候变化等问题，这些问题需要用双赢的方式去合作。二是利用所谓的复合主义的方法。地区中已经有"东盟＋3"或者东亚峰会、东盟地区论坛（ASEAN Regional Forum，ARF），还有亚太经济合作组织（Asia-Pacific Economic Cooperation，APEC）等各种既存的组织架构。让这些组织架构复合发展，互相补充，互相强化，以利于该地区的和平与繁荣。

总之，就像会议开始说的那样，东亚共同体构想是长期的愿景。朝着这个愿景，以日本外交的基轴——日美同盟、日美关系的重要性为前提，有必要为地区和平与繁荣绞尽脑汁，相互合作。在这种形势下，本次研讨会是非常适时的，能够让代表各界的有识之士参加，作为赞助方没有比这更高兴的事了。我期待着本次研讨会展开热烈的讨论，并能取得圆满成功。我的致辞完毕，谢谢。

主持人：谢谢小原先生。

接下来是来宾致辞。在策划本次研讨会时，我们最初求助的是世界和平研究所所长、前首相中曾根康弘先生。当东盟在为市场一体化与和平构建不断进行有目的的努力时，日中韩却在市场一体化与和平构建方面没有进展。我们希望一定要借力向前推动一下，中曾根先生爽快地答应了我们的请求。借此机会，深表谢意。

请中曾根先生作为来宾致辞，对今天的主题有真知灼见的中曾根先生，将带着自己的思考致辞。有请中曾根先生。

来宾致辞　中曾根康弘

今天，召开如此有意义的研讨会，我衷心表示感谢。

提到东亚一体化，如鸠山首相使用了东亚共同体这个词，人们就会马上提出疑问："它的内容是什么？"目前针对它的解释和说明，我觉得并不充分。在本次研讨会上，京都大学研究生院的各位学者对"东亚市场一体化之路"这个题目进行了研究，这是所说的"东亚共同体"的重要基础，从这个意义上说，这是个非常值得认真听取的研讨会。

首先是"东亚"这个词。东亚的范围包括哪些国家和地区呢？纳入印度、澳大利亚、新西兰吗？那么，俄罗斯怎么办？日本与欧盟、美国的关系会因此变得微妙。为了加强密切关系，我们需要采取何种战略呢？关于这些基础问题，我们也许会在研讨会上听到一些有益的、有意思的理论。

"东亚一体化"，换言之"东亚共同体"，这是日本首相在国会中使用的词，"共同体"这个词说来简单，但是涉及的内容十分复杂，诠释它的内容时会出现困难。不过，共同体的一个重要基础就是市场一体化，对思考东亚共同体的人们来说，探讨它的路径标志着研究进入了一个非常关键的阶段。

那么，在这样的市场中，我们需要做什么呢？这是热点课题，诸如货币、经济的操作能力、资源、环境等问题，也许都会在市场上浮现出来。东亚的范围界定合适吗？同时，和美国的关系、和欧盟的关系以及和俄罗斯的关系等，这一系列的关系应该怎么处理呢？这也是非常重要的问题。听了大家的意见，我感到这实际上是个一直存在的问题。我认为关于市场的内容，主要涉及资源、技术，还有货币和环境，但是不知是否妥当，而且对这一系列问题我们该如何思考呢？它的内容有必要认真探讨，请各位赐教。

日本首相鸠山使用了"东亚共同体"一词，在我们这个时代使用"东亚共同体"有些超前，但是也有相反意见。时至今日，到了实施市场整合的具体操作阶段，还有种种文化一体化，各种一体化问题彼此相关，终于出现了综合性的"东亚共同体"概念。我对此抱有很高的期待。这标志着东亚一体化到了一个重要阶段。不管怎样，京都大学研究生院率先开设了这样前瞻性的讲座，我衷心表达敬意的同时，也庆幸从这个讲座中学到了很多东西。

这是我的致辞，谢谢！

主持人：感谢中曾根先生。中曾根先生到此提前退席，请大家鼓掌致敬。

今天到会的还有中曾根先生的母校——群马县立高崎高中的同学们。我们认为让年轻一代听到出席本次研讨会的诸位有识之士、世界知名人士的意见和想法是极其重要的。今天的题目与将来日本应该前行的道路相关联，担当并实现它的是你们——年轻的高中生和大学生们。今天专题讨论会的嘉宾大河原先生的母校——玉县立浦和高中、上岛先生的母校——大阪府立池田高中的学生们，也应邀远道而来。

出席者还有深入理解本次研讨会意义的都立国分寺高中的学生们，首都主要大学的本科生、研究生们。我希望今天的研讨会让年轻一代的同学们有所获益，希望在同学们之中出现肩负日本未来的、可以信赖的担当者。

接下来，有请哈佛大学荣休教授傅高义先生做主旨报告。这里再次介绍一下，傅高义教授著有《日本第一》（新版，广中和歌子、木本彰子译，阪急传播，2004 年）、《亚洲四小龙》（渡边利夫译，中央公论社，1993 年）等著作，是位驰名世界的社会学家。2005 年日中关系陷入多年的低谷时，他指出，在东亚历史中，过去没有过日中同是强国的时候。之后，日中韩的关系虽然有了很大的改善，但是在某种意义上处于危险阶段的构造没有改变。在欧洲，第一次世界大战也没能化解德法间的争执，经过第二次世界大战，不再交战的愿望才在市民中递次蔓延开来，成为欧洲一体化的呼声。

日中韩的现状，在某种意义上，我认为和两次世界大战间隙中的欧布什政府初期犯下的错误。"9·11"以后人们常把问题的起因归结为布什总统个人，但是这不单纯是个人问题。可以说，美国当时并不知道应该如何应对恐怖主义者。冷战持续了很长时间，人们理解与此相关的问题。但是，恐怖主义者给美国带来新的震惊，这种新威胁给美国带来巨大的心理创伤，出现了各种各样的应对方式。

最初人们想到的是必须从最基础开始解决问题。二战后，我们认为要守护世界安全就不能安稳度日，必须解决当时存在的、基本的、根本性问题。结果是，恐怖主义在世界范围内流窜。而且，我们感受到了巨大威胁，美国与国际社会合作的难度之大也让人心生挫折感。各国可以在国内应对，但是联合国及其他国际机构在国际问题的应对方面不够迅速。一方面，它导致美国单兵作战，经常批评得不到其他国家的协作；另一方面，总统欲处理世界上的紧急事态时，无组织、无准备、无合作，对紧急事态不知如何应对，起因是其他国家没有做好迅速反应的准备。犯了进攻伊拉克这么大的错误都与之有关。

从一开始入侵伊拉克起，我们就呼吁这绝不是一件好事，也不是一个明智之举。因为我们在越南战争期间有处理他国问题的经验，所以在美国有一种只要美国做就能成的情绪。我们有意愿解决其他国家的基本问题，甚至不惜牺牲美国人民的利益去解决其他国家的问题。其他国家都说美国试图控制整个世界，但是美国并不想控制全世界，因为必须解决的问题太过艰巨，为了解决这些基本问题，即使我们背负沉重的经济负担、赌上美国军人的性命，也没法实现自己的目标。因此，尽管动机很好，但是现在回过头来看，很明显我们犯下了严重的错误，试图做超出我们能力的事情。结果是，我们在伊拉克、阿富汗可能会引发更多的问题。

今天，如何解决这些问题是奥巴马政府的课题。当然，美国商界和共和党关系密切是事实。不过，整体氛围是美国人会强烈支持总统，尤其在知识阶层特别明显。总统以现实的手段应对复杂问题，在与他国更多的合作下推进新路径。而且，我感到正在对我们的士兵、我们自身在他国活动设置限度。我们支持奥巴马总统纠正布什总统的极端错误做法时所采取的举措，同时，奥巴马总统正在直面非常难的问题——财政预算花费太多。进攻伊拉克、阿富汗支出庞大，金融机构也面临难题，联邦政府有必要投入资金解决，然后就是联邦政府债务膨胀。还有，我们在贸易上也遇到问题。这些难题，今天仍在积累。问题尚未得到解决，解决问题还需要数年时间。

不过，美国民众依然抱有乐观看法。这些经济问题虽然还没有解决，但是至少事态正在得到改善，今后还会取得进展。开拓者精神诞生于美国，美国拥有科学技术，还有极优秀的大学，这些在全世界都位于前列。我们有能力把最聪明的头脑从世界各地吸引到美国的研究所、智库中。因此，事物依然朝着对我们有利的方向发展，我们能做的事情还有很多很多。

在大萧条发生的 20 世纪 30 年代以后，我们才开始面对难题，乐观地认为努力去做的话就会取得进展。

下面我把话题转到中国。

我认为中国领导人充分地认识到，中国取得了高速发展，并且在国际舞台上占有一席之地，在国际社会中最重要的是以和平形象登上国际舞台，与他国间不制造问题。CCTV（中国中央电视台）播放了一个关于十个伟大国家兴起的有意思的节目，在节目中分析了这些国家在兴起过程中面临的问题以及怎样谋求与他国建立良好关系。

20 世纪初，日本和德国在发展初期，不只是两国发展本身出现了问题，同时两国也没有考虑到其他国家对如此发展将成为潜在的威胁抱有担忧和恐惧心理。中国领导人充分地认识到这一点。也就是说，在分析本国兴起面临的问题时，也要消除其他国家的不安，并和其他国家一道共同发展。中国领导人对这个问题有敏锐的认识，强烈感到有必要解决这些问题。中国的发展速度惊人，所以中国领导人有足够的自信应对这些问题。这让我想起了日本。20 世纪六七十年代，日本实现了经济高速增长，引领经济增长的日本领导人对实现宏伟的目标充满自信。不过，几年之后，当金融危机悄然而至时，解决问题的自信或多或少显出阴影。但是，中国依然抱有强烈信心。当然，国内问题不少，但是，从整体上可以看出，中国领导人对解决这些问题抱有自信态度。

农村中出现的问题是生活质量问题，所谓的低收入、低教育水平的问题，政府向农村投入资金使这些问题在很大程度上得到解决。沿海和内陆的生活质量存在差距，也是通过资金投入来解决，这样可以大大改善内陆的状况。

在辽阔的中国，存在着这些或那些问题的情况下，中国领导人依然能够维持井然有序的秩序，把大量的资源投入各地进行扶贫。而且，对公职人员的贪污腐败问题予以格外重视。中国强烈希望在经济发展过程中，与其他国家保持良好关系，参与全世界的经济发展和合作。从中国建立研究世界的智库或者中央的研究机构这点来看，实际上它们取得了出色的研究成果，不只了解日本、美国和东亚，还具备调研非洲、拉丁美洲的能力。通过这些，中国正在具备全球的影响力，不仅仅是经济的，通过智库、教育培训，他们正向全世界派遣众多人才。

那么，在日本发生了什么呢？我来说说我的印象。

鸠山新政府诞生了。1955年日本开始自民党的"一党"体制以后，这是首次显示了选民的意志，拥有了一个要持续一段时间的新政权，这与许多新想法有关。新政党因为没有经验，在许多方面显得业余。许多领袖为了当选，采用迎合大众的策略，要建立友好关系啦，或者是要帮助当地社区啦，减少对美国的依赖啦，为构建亚洲共同体而努力啦，等等，标榜这样的理念，树立高远的理想。不过，对想了解世界现实状况的人来说，就像前首相中曾根先生说的那样，解决这些领域的困难需要相当长的时间，还会随之出现新的难题。融入现实世界的很多人都很担心日本没有多少独立的智库，没有提供广义上知识的智库。前首相中曾根先生的世界和平研究所也是比较小型的组织，跟中国、美国那些数量众多的、研究广泛问题的智库相比，日本智库极少。从这个意义上讲，日本不得不依存官僚体制。我们为解决广泛问题而建立独立的、大型的智库在日本并不存在，这一点日本还没有充分认识到。因此，在认清现状的很多人看来，不使用日本官僚体制是根本不现实的。

华盛顿就新政权需要时间达成了共识，他们缺乏经验，这些抱有理想的人需要时间来理解面对现实时应该做什么。在日本，还没有完全统一思想的新党上台需要时间进行确定理念、调整政策。所以，我们必须给他们时间。但是，新政党通过首相表达了新的理念，这需要去适应和顺应。比起他们自己的志向，他们更应该发挥官僚的作用，以强化与美国的良好关系，同时，在发展同亚洲的紧密关系时会产生许多困难，有必要花时间去适应和顺应。我们都希望日本能够成功。

下面，我们把话题移到韩国。

我的印象是，韩国的许多政策都与金大中总统在几年前的言论有关。金大中总统的努力方向，也就是"阳光政策"，主张对朝鲜打开门户，与日本建立更紧密的关系，同时，努力保持与中国、美国的关系。这些主张，在他的时代，已经比若干时代向前走了。因此，他赢得了韩国人的全面支持。不过，思考这几年的情况，我认为韩国的情况有变化。而且，朝鲜也希望合作。当然，因为双方政权非常不同，难度很大。加之，朝鲜问题——现在朝鲜希望成为拥有核武器的国家，因此决心与美国以及其他核国家建立友好关系。

但是，美国不希望朝鲜成为核国家，韩国有必要做相当大的调整。韩国所处境地，是夹在日本和中国两个大国间的相对小国，这意味着韩国有必要经常快速反应。韩国在东亚中是一个对国际问题高度敏感的国家。韩国人外语能力强，而且到他国留学的学生比率也是这一地区最高的。因此，韩国具有非常敏锐的国际感。当然，韩国担负着迈向统一的部分责任，不是单纯卷入中美、日中关系中，而是要建构发挥积极作用的东亚关系。

综上，各种不同情况存在于各国中，这对于推进东亚合作起到有利作用。刚才，在前首相中曾根先生的讲话中已经提及了这些内容，我所做的发言基本与首相的阐述一致。我想在这里再强调一下，更加密切的共同体前景将随着贸易繁荣越来越光明。贸易、人员的交流、信息、运输等越来越发达，政府机关、民间友好机构建构这样的贸易基础，使交往不断增加，结果自然是更加促进相互合作。如果做到这一步，出现被其他团体拉出去组建其他共同体的情况，我认为是很难的。

例如，看一下西欧的情况，罗马法是几百年来基于各国的共同想法制定的。而且，这是以联系各国的基督教历史为基础。这些所有的共同点，成为各国间的某种基础，或是文化上相互理解的基础。看一看第二次世界大战后的经济状况，合作成为各国生存不可或缺的条件，而且，还有苏联的威胁和冷战。所以，对这些国家来说，一体化是当务之急。因此，在欧洲的历史、经济、国际关系中，各国具有强有力合作的基础。

相比之下，再来看看亚洲，找不到这种共同的模式。在西欧，各国的规模大小也是比较接近的。虽然也有一个国家的领土是另一个的两倍，但是没有五倍、十倍大小的情况。在亚洲，差异性很大，国土面积悬殊，文化相异，而且经济发达程度也不同，所以各国要建立像欧洲那样的共同体感觉很难。

而且，亚洲还有各种不同的其他国家，到底怎么划线呢？包含澳大利亚、新西兰吗？这也是问题。众所周知，有许多亚洲合作的动向，初期是在大平首相^①的领导下发展的"环太平洋连带构想"。那时的情况是，澳大利亚发挥着向日本提供资源的重要作用，但它也同时向中国提供资源。日本与澳大利亚的贸易往来成为今天发展的基础。这样的话，还能把澳大利亚去掉吗？陆克文总理（时任）也要求澳大利亚在亚洲"发挥重要作用"，那怎么办呢？此外，东南亚要纳入吗？东南亚的印度尼西亚国力恢复，今后有可能发挥非常重要的作用。还有，在东亚有各种组织。先是亚太经济合作组织（Asia-Pacific Economic Cooperation，APEC），包括环绕太平洋的北美、南美西海岸的经济

①大平正芳（1910.3.12—1980.6.12），日本前首相。

体，也纳入了东亚的经济体。另外，为解决金融问题，还有二十个国家合作、协调行动的组织（G20）。考虑到这些因素，我认为由少数几个国家结成团体，解决某些问题的想法很难实现。在全球化深化的今天，且国际问题就像前首相中曾根先生所说的那样，气候变化、环境污染等全球化问题，需要全球范围应对。单是几个国家合作，在小集团内应对是解决不了这些问题的。因此，作为趋势，不是朝着几个独立的区域组织发展，而是迈向更加国际化的组织。简而言之，我个人是有些悲观的，无论任何组合的集团，东亚各国要想凭借它形成牢固的组织很难。

我认为今后的亚洲既有 APEC，又有 G20，并将维持各种组织如"东盟＋1""东盟＋6""东盟＋10"（ASEAN 外长扩大会议）、"东盟＋3"等并存的状态，以共同应对环境污染等各种问题。此外，还有印度和俄罗斯这些国家以何种形式参与的问题。

今后是否会出现再拉一队，成立独立共同体的情况？我认为为实现特定愿景，成立不同于之前的组织恐怕不现实。毋庸置疑的是，进展的巨大可能性在于合作，各国之间、各种集团之间，贸易扩大、通信扩大且强化合作是可能的。这种可能性很大，为此需要必要的经济基础。所以，若要让这些在亚洲成为现实，必要的前提条件还是相互信赖。我们必须不断增进交流，增进相互理解，而深化这种相互信赖不能只是通过正式会谈，还要通过非正式会议进行。

美国不想妨碍亚洲合作的推进。我们知道实现亚洲安定和合作是符合美国国家利益的，亚洲各国繁荣，美国也将繁荣。因此，美国支持亚洲人民实现更加紧密的合作。我认为美国政府和国民将会继续以某种形式支持亚洲实现这样的合作。我祝愿一切为增进亚洲合作、消除障碍而努力工作的人们幸运，我虽然认为有别于目前的、大型的正式组织无助于解决问题，但是为增进亚洲的合作，可以做各种尝试。

主持人：感谢傅高义先生，接下来，我们请来自中国的嘉宾赐教。

郑新立先生是中国国家发展计划委员会政策研究室、中共中央政策研究室中长期负责起草经济政策的首届一指的专家。

基本观点阐述

面向中日韩市场一体化 促进东北亚融合 郑新立

首先，我对研讨会"东亚市场一体化之路"在东京召开表示衷心祝贺，向关西城市银行、京都大学、杉本教授以及为今天研讨会得以召开付出心力的人们表示感谢！

环顾当下世界，全球受到世界性金融危机的深刻影响，贸易保护主义蔓延，但是，这也不能阻止经济的全球化进程。这是因为，经济全球化是人类文明的发展方向。战后60多年，世界各地的经济发展，特别是近30年的世界贸易、经济发展，几乎每一项都从全球化中获益。而且，实践证明，在市场一体化的策划范围中，企业可以合理地配置资源，在这一范围中，企业有可能把生产力落后的部分转换为先进的。企业在扩大国际贸易和投资的同时，也把文明扩展到各地，促进人类社会的进步。

区域一体化是构成经济全球化的重要部分。近年来，区域经济一体化发展迅速，各种区域经济合作机构如雨后春笋般出现。想加入区域合作、区域市场一体化的国家从中受益很大。

欧盟各国搁置分歧，进行合作，统一了市场、货币，为欧盟各国的经济发展注入了巨大活力，使欧盟各国在国际竞争中的地位、优势明显变强。北美自由贸易区、东盟10国的自由贸易区等有所进展。这些都极大地促进了区域内各国贸易关系、投资关系，可以说成为中日韩三国的榜样。

从课题"应该如何应对金融危机的影响"来看，唤起新需求，为了世界经济早日复苏，发达国家有必要努力使市场早日恢复活力。同时，在比较长的时期里，保持世界经济可持续增长的动力很必要。为了推动可持续发展，要把发达国家的资金、技术，发展中国家的工业化、城市化有机组合起来，必须挖掘巨大市场的需求。这将有助于发展中国家的现代化建设，有助于拉动发达国家经济的可持续发展。

为了促进发达国家对发展中国家的援助，区域市场一体化是一个好的选择。特别在亚洲，各国的经济发展水平严重不均衡，这就意味着存在所谓的经济互补效应。扩大亚洲各国的合作，要形成促进亚洲各国的内部发展机制。这样，可以减少对欧美发达国家的依赖度，为亚洲以至世界经济的发展作出贡献。

东北亚地区各国，在历史上曾经交流密切，形成了具有相同特征的东亚文化，为人类文明作出了重要贡献。但是，进入近代以来，中国被列强分割。东北亚也掀起战火，民族间的裂痕到今天也没有愈合。

2009 年是中华人民共和国成立 60 周年，中国在经济上取得了巨大发展。中国是维护东北亚和平的中坚力量，同时也是维护世界和平的重要力量。东北亚人民有 2000 年的交流历史，从历史中可以看到：中国统一、国力强盛时，东北亚地区就相对和平；中国分裂、国力衰弱时，东北亚就会陷入战乱。中国的和平发展和繁荣昌盛，将强有力地推进东北亚融合。

放眼世界，东北亚各国人民已经从实现市场一体化的国家中学到了很多东西。为实现东北亚一体化，东北亚各国应该放弃冷战思维和原有的隔阂，把军需转化为民需，着眼于加强合作，为实现东北亚各国的贸易、投资、自由化以及提高便利性而努力；应通过促进东北亚各国的经济发展，提高人民的福祉。现在的"三个 10 + 1"（ASEAN10 + 中国、ASEAN10 + 日本、ASEAN10 + 韩国）的自由贸易协定已经生效，东北亚经济主体的中日韩三国没有必要舍近求远，通过东盟的自由贸易区实现贸易自由化。特别是，今年上半年有两个数据显示中日韩间实现贸易自由化的条件已经齐备。今年上半年，日本对中国的出口额已经占到日本对外出口总额的20%，较之上一年增长了三个百分点，而且，同期日本对美国的出口停留在日本对外出口总额的13%。

中国已经成为日本、韩国的最大出口市场。我再举一个数字，2009年上半年，从中日韩三国在区域内的贸易状况来看，三国国际贸易总额的58%是区域内贸易的贡献。这个数字的意义与北美自由贸易区比较一下就很清楚了。美国、加拿大和墨西哥这三国，区域内贸易占该区域国际贸易总额的55%，所以中日韩比北美自由贸易区三国的区域内贸易的依赖度还要高出三个百分点。建立中日韩间的自由贸易区，我认为条件已经齐备。我们中日韩三国通过经济合作来促进东北亚的经济合作，再通过东北亚的经济合作来促进东亚以至亚洲整体的合作。这对中日韩三国经济的可持续发展是必要的，亚洲人民、世界的有识之士也对此抱有很大期待。

令我们非常高兴的是，今天，中日、中韩自外交关系正常化以来，中日韩三国间的贸易和投资关系发展迅速。这已经成为促进三国经济发展的重要纽带，在抚平战争伤痕、改善国民情感方面，也发挥着很大作用。顺着这股势头，如果能够进一步推进中日韩市场一体化，那么将对推进东北亚的融合作出新的历史贡献。

日本民主党执政，这将为中日韩经济合作带来新的契机。我很高兴，同时也在谨慎观察，鸠山首相在一系列演讲中，非常重视与周边国家发展友好关系，而且提出了一系列亚洲合作、亚洲经济合作的构想。这些是值得称赞的。当然，要实现这些构想，还有很长的路要走。但是，最为重要的是，立足于各国合作的大局，做尽可能的、可以接受的让步，只有这样才能推进合作。

我认为韩国在促进中日韩市场一体化中，具有特殊的地位和作用。对难以达成的协议，可以先在中韩、日韩间进行妥协。为了在三国间达成一致，韩国可以发挥桥梁作用。现在，在三国的文化交流中，出现了

"韩流"，我希望在中日韩的经济合作中也能出现这样的热潮。

在经济全球化以及区域化、市场化、信息化的浪潮中，在中日韩政府和各国有识之士的努力下，中日韩三国的市场一体化，今天可能是落后于人，但是它一定是向前的。我相信东北亚经济繁荣、社会实现融合、共享和平的时代一定会到来。谢谢！

主持人：感谢郑先生。接下来是韩国嘉宾发言。

韩国这位嘉宾，原来邀请的是首尔大学校长郑云灿教授。但是，今年 9 月，郑教授被任命为韩国总理，不能来日本了。因此，韩国总理指派了今天的嘉宾朴明圭教授。有请朴教授。

东北亚市场一体化与和平构建的路径图　朴明圭

我是韩国的朴明圭，我用韩语发言。

首先，受邀参加规格这么高的研讨会，我向杉本先生牵头的主办方表示感谢。突然受委托，我以为是一般的学术会议就答应了。今天看到参会者都是政治经济界有重要影响的人物，我只是一个在大学里教书的人，有些担心能否胜任。

我在首尔大学教社会学，现在担任统一和平研究所所长。这个研究所从缓和朝鲜半岛紧张局势与统一、东北亚和平两个课题中二选一进行研究，研究所是郑云灿总理担任首尔大学校长时设立的，和海外其他的研究机构一道研究和平与统一相关的问题。从这一点上，我对前首相中曾根先生领导的世界和平研究所的活动很感兴趣。

今天的主题是"东亚市场一体化之路——日中韩和平构建路径图"。我不是经济学专业的，所以比起市场一体化而言，我更多地关注和平构建，而且我不能代表韩国的立场。我从一个韩国学者的视角来谈谈我的理解。

我的发言分三部分：首先，区域合作中经济与和平的关系；其次，在这种情况下，应该怎样看待东亚的现状；最后，从韩国的立场阐述今后要寻求的事情。

在区域合作中，经济与和平联系密切，这是毋庸赘言的。实际上，经济关系紧密的地区，看不到政治上的对立。经济一体化比政治一体化要简单。因此，一体化作为一个政治选项的效果也很大。即使这样，我们必须要注意这两种关系并不是自然的、自动的。市场一体化要想与和平构建相联系，必须具备几个条件。一般来说，例如区域中有共同的威胁，或者存在相同的利害关系时，经济与和平、市场与和平就会有机地结合起来。

当事者之间的信赖也很重要。没有信赖的市场有时会产生危机，这样的例子在历史上不少。不管多么对立，我们都要去和平解决它，要建构最终的和平体系，这是政治意义，强大的意志也是很重要的一点。冷战结束后，经济与和平的关系、市场与和平的关系变得复杂起来。冷战时代的和平与同一阵营中的合作、力量平衡、防止战争等是同义词。冷战结束后，我们必须要应对非传统的威胁、非军事的威胁。恐怖主义、犯罪、核扩散、环境、气候等问题，解决这些非传统的安全保障问题成为和平构建的课题。即使只有市场，我们也不能保证不发生上述问题。和市场一道，和平要同时伴有社会、政治努力。因为努力，才能消除社会不安、不均衡、瓜葛，以及历史性的紧张局面。

我认为从长远来看，经济与和平将成为一体。在实际的历史脉络中，政治、社会、文化的变迁带来巨大的力量。我们经常举欧洲的例子，在欧洲，一体化的动力是经济。在关键时刻，政治家把这个过程制度化了。

如何评价今天东亚的情况呢？就像各位指出的那样，东亚在经济上的相互依存是很深的。区域内的贸易、投资、人员、物资交流达到了相当高的水平。而且，韩日中三国，原则上共同感到有必要进行经济一体化。从前几天的"东盟＋3"首脑会谈中可以看到，最近这种倾向变得更明显了。但是，在涉及具体问题时，争论、问题还是不少。傅高义先生也就一些课题阐述了观点。这是我们正在面对的问题，所以具体的讨论不可避免。

我谈一下韩国与日本、中国三国间的自由贸易区。这在三国首脑达成协议后，由民间进行共同研究，但是没有看到具体的进展。韩中、韩日的自由贸易区，都处于这种相同状态。今后，设立自由贸易区是十分必要的，但是我认为配合市场一体化，如果不加入政治、社会的努力，是不能实现的。

我们来思考一下现在的东亚一体化。谁来主导这个地区的一体化呢？时间间隔有多长？在多大范围内？分几个阶段进行？最终是成为区域共同体，还是成为联盟？这些还都没有明确的路径图。东亚共同体是近来一个大话题，许多人都很感兴趣。我想就东亚的情况谈谈自己的看法。虽然存在多种可能性和必要性以及出现了部分进展，但是我认为还缺乏相互信赖，多个制度还没有完善，长期愿景虽好，但是不能具体落实。

韩国长期以来一直标榜为区域的和平、合作而作出了努力，并且建立了开放的经济体制。特别是1997年亚洲金融风暴以后，韩国大幅地实现了金融市场自由化，而且推动了与东亚经济一体化，或者说和世界经济的一体化。与其说包括东南亚在内的广义上的东亚，韩国更加重视日本和中国以及与美国相关的东北亚。这里有着各种历史因素。今天的李明博政府以与美国的合作为基础，同时探索多方向的、多方面的区域合作。虽然还没有取得国会的批准，但是他强调韩美自由贸易区的重要性，与欧盟自由贸易区的合作也已经取得了相当大的进展。他极力主张世界经济积极的一体化。他把与中国的关系上升至战略性合作关系，与中国的合作也是多样化的。他还倡导与日本的新型友好关系的必要性。韩日中三国首脑就三国的自由贸易区达成了协议，就是这个战略的脉络之一。

今年 3 月，李明博政府发表了新亚洲外交政策，这就表明了他想推动与东南亚、东盟合作的意向。从整体来看，与前政权相比，区域合作的范围扩大了。我感到会有更多的地方投入到经济合作中。

接着我谈一下朝鲜问题。李明博政府在朝鲜问题上，提出了"无核、开放、三千"（朝鲜放弃核武器，如果开放，就向其提供人均国民收入 3000 美元的援助政策）、"大妥协方案"（一揽子谈判政策）。有分析认为，这是号召朝鲜用核武器来交换大规模经济援助。政府、政权不同，着眼点多少有些不同，不过韩国基本上对东亚区域一体化持有以下几种共识。这里，我介绍一下：

第一，开放区域合作以及经济一体化是和平的核心、繁荣的中核。这种观点深刻认识到，应对经济危机，或是对经济的不安，需要区域全体共同努力。

第二，东亚的区域一体化，先在东北亚——韩日中三国实现合作是重要的。韩日中的经济一体化，当然存在问题，也很难，但是将具有很大成效。只有三国很好地相互信任，才能推动"东盟＋3"、"东盟＋6"的一体化。

第三，主张东北亚的区域合作不能排除美国等其他国家，必须成为引领世界经济一体化，或者和平的催化剂。同时也指出，东亚共同体建设有必要让各种既存的机构并存。

第四，对韩国来说非常重要，涉及持续有效地管理南北问题，直至统一。这对该区域的一体化、和平建构非常重要。韩国一直坚持认为，如果孤立朝鲜，或是把它从一体化的框架中排除出去，都不会给区域一体化带来积极的影响。

另外，虽然市场一体化固然重要，但是东北亚也必须努力谋求在非经济领域建立信赖关系，特别是民间领域——市民社会团体的活动很重要。当然，政府作用的重要性就不必说了。为了建立信赖关系，政府有必要采取各种各样的积极措施。

因为时间关系，最后再谈一点，东北亚市场和经济存在很高的一体化的可能性和潜力。其中重要的是，缺乏建构信赖关系所需的领导力。这种政治领导力，不是在一个国家或另一个国家的具体层面可以实现的。在东亚重要的三国中，中日两国十分重要。这两个国家必须为建构区域水平的合作管理机制承担责任，加之韩国的积极合作，这样在东北亚才能不停留在所谓的市场一体化，而走上和平构建之路。谢谢各位。

　　主持人：谢谢朴先生。接下来，请日本嘉宾发表观点。首先是学界代表——早稻田大学研究生院亚洲太平洋研究科浦田秀次郎教授。浦田教授就不用再介绍了，自由贸易区研究领域中首屈一指的学者，担任各种国际会议的民间委员。有请浦田教授。

东亚市场一体化之路　浦田秀次郎

　　感谢主办方邀请我参加这么重要的会议。我研究经济学，所以从这一点上，请允许我对东亚市场一体化之路发表观点。我的发言提要在会议发放的资料中，我将按发言提要谈一谈个人观点。

　　首先，关于东亚市场一体化的现状。有两位嘉宾指出东亚一体化的进度已经非常快了。我首先关注的是很有意思的一体化形式。具体而言，东亚境内的贸易，机械类商品占了非常重要的位置。例如，电子机械或是运输机械类的商品，其中零件贸易的比例很高。我很想谈谈东亚境内进行的这些形式的贸易。日本、韩国生产零件后，把这些零件出口到中国，在那里完成组装，再出口到美国、欧洲等地。这种贸易被称作"三角贸易"。这些区域的特征是这种形式的贸易非常繁盛，结果带来了经济的发展。这一贸易的背景是，由活跃的跨国企业进行直接投资并参与贸易。现在，虽然受到国际金融危机的影响，但是国际金融危机的负面影响意味着三角贸易发生了逆转。也就是，欧美经济停滞，东亚出口低迷，与东亚相关的国家受到了负面影响。就是这种情况。

其次，出现了现在所谈的市场一体化，区域内贸易增加，就是由此而来的。作为推进市场一体化的要素，我认为至少有两个：一个是市场机制高效运转机能，我把它称为"市场主导型"（market driven）区域一体化；另一个是"制度主导型"（institution driven）的区域一体化。到20世纪末，东亚地区以市场主导型的形式来推进区域一体化；进入21世纪后，逐渐转变为含有制度主导型要素形式的市场一体化。

那么，为什么说发生在20世纪末的区域一体化是市场主导型的呢？其背景是自由化进程，即各国的市场自由化、贸易自由化、直接投资的自由化以及与此关联的国内机构改革的推进等。市场机制更加有效地发挥职能，造成的结果就是前面提到的，这可以被称为"区域市场网络"，这一网络形成后出现了三角贸易的形式。虽说自由化在进展，但是在贸易和投资方面还是存在着相当多的壁垒。

再次，我们把话题转移到制度主导型的区域化上来。具体来说，自由贸易区导致出现了非常活跃的制度主导型市场一体化。在场的有高中生们，我简单地说一下自由贸易区。一方面，加盟各国之间实行贸易自由化；另一方面，非加盟国之间，贸易依然像从前一样，是存在贸易壁垒的体制。东亚最近签署了一些自由贸易协定。前面讲过，有"东盟＋1"，即东盟＋中国、东盟＋韩国、东盟＋日本，自由贸易协定已经生效了。几天前签署的"东盟＋印度"协定，是以东盟为中心的自由贸易协定，目前还没有覆盖整个东亚的自由贸易协定。那么，为什么要在东亚积极地建设自由贸易区呢？一个重要原因是，推进世界自由贸易的世界贸易组织（World Trade Organization，WTO）叫停多哈回合后，多边贸易谈判难以推进，这种情况促使对自由贸易感兴趣的国家与有同样兴趣的国家签署自由贸易协定，实行推进自由化的贸易政策。实际上，东亚在这些方面是后来者（latecomer），很晚才参加。东亚以外的地区积极构建自由贸易区体制，东亚也以追赶的姿态签署自由贸易协定。1997 年亚洲金融风暴后，东亚各国认识到区域合作的重要性。自由贸易区被认为是手段之一，这就是东亚积极构建自由贸易区体制的原因。

前面的嘉宾已经谈到东亚市场一体化构想的出现。刚才杉本教授下发的会议资料中有一个图表，请大家看一下（图 1-3）。覆盖整个东亚的自由贸易区构想由两部分或三部分组成：第一是东盟和日中韩加盟的东亚自由贸易区（EFTA），这一构想在 2001 年发表。第二是"东盟＋6"，这是刚才所说的东盟＋日中韩再加入印度、澳大利亚和新西兰，以"东盟＋6"的形式签署自由贸易协定，这也被称作"东亚全面经济伙伴关系"（CEPEA）。关于这两个自由贸易区的可行性研究进行了数年，我自己也参与其中。这份报告先是在 2009 年 8 月的东盟经济部长会议时发表，接着在今年的领导人峰会上再次发表。会议指出，目前这种合作框架仅在民间层面进行研讨，于是提出了政府层面也应该研讨的提案。然后，这个意见被采纳。我认为今后将在公开的、政府层面围绕这两个框架开展工作。第三是出现了不只把东亚，也把亚洲、太平洋各国及地区视为成员的亚太自由贸易区（Free Trade Area of the Asia-Pacific，FTAAP），它把亚太经合组织现有的 21 个成员全部视为自由贸易区的成员，FTAAP 由美国发起，目前正在研讨中。

现在，如大家所讨论的，市场一体化趋势十分活跃，那么我们期待的市场共同体能给我们带来哪些好处呢？关于这一点，已经有几位嘉宾谈到了，我在这里就简单带过。市场一体化的优势是跨越国境，让物资、服务、信息、人员等这些与经济活动相关的要素或者是服务、生产要素等流动起来，促进经济增长，这是最大的价值。如果经济增长，那么可以期待连带的社会稳定、政治稳定。这是具有积极效应的经济一体化、市场一体化，但是推进市场一体化会带来负面影响也是事实。具体来说，贸易投资自由化的受害者们有反对的声音。我想这是众所周知的。拿日本来说，农业自由化非常难，而在某些亚洲国家汽车产业的自由化则很难。我感到除了经济因素以外，一体化推进困难与历史、社会等非经济性问题以及国民关心程度较低有关。

最后，我来谈谈如何克服这些不利因素，尽可能实现市场一体化的问题。第一，有人反对、抵触贸易自由化，但是我们应该注意到，自由贸易协定宣布贸易自由化，这并不意味着这些条约一旦生效，马上就会自由化了。关税及贸易总协定（General Agreement on Tariffs and Trade，GATT）、世界贸易组织的规则都是花了 10 年时间来推进自由化。因此，需要应对的时间。当然，政府有必要对受影响的群体采取适当措施。具体是，给予临时性补偿，或者通过技术培训，使之成为在其他产业中的劳动力等，只要政府认真应对，就能够把自由化导致的损失降到最低。第二，与非经济性因素相关的是，促进各国人民相互交流，加深相互理解十分重要。这一点，傅高义先生也谈到交流的重要性。这与政治家的领导力有关，而且为了赢得国民支持还需要发挥大众传媒的重要作用。第三，有必要继续召开像今天这类的研讨会，来商讨区域一体化的价值。经济共同体一旦建立，社会—文化共同体，政治—国家安全共同体以及东亚共同体就能实现。当然，我们必须认识到这个过程需要相当长的时间。以上是我的发言，谢谢大家。

主持人：谢谢浦田教授。接下来，请世界和平研究所理事长大河原良雄先生赐教。大河原先生是外交界的元老，1980—1985 年任日本驻美国大使。有请大河原先生。

构建东亚共同体　大河原良雄

首先，这么有价值的国际研讨会隆重召开，我谨向京都大学经营管理研究生院以及作为大会运营核心、做了很多扎实工作的杉本教授表示敬意。非常感谢！

聆听了美国、中国、韩国以及日本代表的发言，对亚洲市场一体化或者区域一体化是什么，必须走怎样的路径这些问题有了明确、形象的认识。我接着这个话题，主要讲一讲东亚共同体问题。

鸠山内阁上台约 40 天了。这段时间，鸠山首相在联合国、10 月 10 日在北京召开的日中韩领导人会议上，以及在和中国领导人的会谈中，充满热情地反复强调东亚共同体。但是，对鸠山首相的倡议，周边各国，特别是美国的反应很复杂。正如刚刚浦田教授所说的那样，出现亚洲区域一体化的直接原因是 1997 年亚洲金融危机时，从美国或是国际货币基金组织（International Monetary Fund，IMF）等获得的外部援助不充分，亚洲各国面对经济危机，需要自己保护自己，具体要通过区域内的合作来应对。这是情理之中的事情。

例如，那时日本提出了成立亚洲货币基金的提案，因为没有得到美国等相关国家的支持而流产了。那时，受到亚洲金融危机冲击的各国以《清迈倡议》①的形式来应对货币相关的危机，日本提出各相关国家货币互换的计划。

亚洲的区域一体化、区域合作开始以这种形式发展起来。同一时期，欧盟逐渐轮廓清晰，美洲诞生了北美自由贸易区。在这样的背景下，亚洲推行某种形式的区域一体化机制的动作有所加强。一方面，亚洲各国在宗教、文化、历史、语言上差异巨大，经济发达程度也很不同。在这种情况下，有一种谨慎论调认为欧盟的发展模式在亚洲行不通；另一方面，就像刚才发言说到的那样，亚洲出现了东盟＋日中韩、东亚峰会，出现了东盟＋日中韩＋印度、澳大利亚、新西兰，由这些加盟国构成的区域合作框架。

针对这些区域合作出现美国被排除在外的问题，亚太经合组织成立，它由太平洋沿岸 21 个成员组成，美国通过亚太经合组织来对抗亚洲区域性合作。亚太经合组织将分别于 2009 年 11 月在新加坡，2010 年

---

① 2000 年 5 月，"10 ＋ 3"财长会议在泰国清迈共同签署了建立区域性货币互换网络的协议，即《清迈倡议》。

在日本，2011 年在美国召开会议，谋求让亚太经合组织发挥更大作用，因此，我们需要思考如何让"东盟 + 3""东盟 + 6"、亚太经合组织这三大区域合作框架相互作用的问题。

刚才，韩国的朴教授、中国的郑先生都提到，在此期间，东北亚的日中韩三国在 2008 年 12 月召开了首脑会谈，2009 年 10 月 10 日在北京再次召开首脑会谈，旨在开拓东北亚三国紧密合作之路，这是一个强有力的举措。

众所周知，围绕朝鲜问题召开了六方会谈，而促成六方会谈的还是美国 + 日中韩三国，将来日中韩三国合作应该在维护亚洲和平与稳定上发挥极其重要的作用。今天，人们对此有所期待。

一个问题是，正如刚才所说的那样，亚洲区域合作，进一步说在区域性整合过程中，如果只有亚洲各国联手的话，就会出现"美国将会怎样"的问题。也就是说，从地理上讲，虽然不能说美国是亚洲国家，但是在政治、经济、安全保障等方面，亚洲局势都不可能与美国无关。为了亚洲的和平与发展，我们应该如何应对美国干预不能缺席的问题呢？

另一个问题是，区域合作、一体化是必要而可取的，但是东亚共同体这个雄心勃勃的机制不是那么简单就能形成的。因此，例如在金融问题、能源问题、环境问题这些方面，区域内各国需要相互合作，并且通过签署浦田教授所说的自由贸易协定来具体落实经济合作关系。实现东亚共同体这一长期目标的过程之一就是形成东亚经济共同体，可以说这是与各国相关的思路。

因此，问题留给美国，这意味着美国绝对有必要以某种方式介入亚洲事务。但是，鸠山首相在提出东亚共同体构想时，其表述是否不充分呢？让人担心会不会以排除美国的方式来建立亚洲各国的合作关系呢？具体来说，《华盛顿邮报》和《华尔街日报》等媒体对鸠山首相的讲话表现出非常严厉的反应，可以说这是完全违背鸠山首相意愿的事情。因此，今后在讨论东亚共同体问题时，日本以及相关的亚洲各国有必要与美国建立真正的合作关系或是介入的方式等问题，进行充分说明，以消除美国的误解。我认为这是今天摆在我们面前需要考虑的事情。首相曾多次表示，日本民主党政府将以日美关系为基础推进与亚洲的关系，但是这一点还没有得到美国的充分理解，让人担心美国做出不必要的反应。

我在上面提到，日本将是 2010 年秋天 APEC 领导人非正式会议的主办国。日本为了与美国合作，致力于亚洲区域经济发展以及整个地区的和平与稳定，有必要重新定位 APEC，让 APEC 作为本地区的框架，发挥与之相符的作用，日本有必要朝这个方向努力。

刚才韩国、中国的嘉宾谈到，强化日中韩三国关系，使之稳健牢固是极其重要的大事。我认为有必要加强日本外交关系重要支柱之一的日中韩关系，而且还要以日美中的形式，把美国纳入其中，与中国进行充分对话，为建立于彼此之间的信赖关系而努力。韩国的朴教授强调了信赖关系，我认为需要通过相互之间的充分对话来加强信赖关系，有必要在谋求推动两国关系的同时，为整个区域，甚至是更广泛意义的整个世界的和平与稳定作出贡献，这也是共识。虽然鸠山内阁刚刚成立，面临各种各样的问题，但是我祝愿其为了对世界有所贡献而不懈努力。

谢谢。

主持人：感谢大河原先生。下面，有请三井物产株式会社特别顾问上岛重二先生赐教。上岛先生历任三井物产社长、会长，曾任日本经济团体联合会副会长，并且长期担任 APEC 领导人的高级助手，APEC 工商咨询理事会（ABAC）日本支援协议会会长等职务。

建立东亚生产工序国际分工体系和推进东亚东盟经济研究中心（ERIA）的大范围基础设施建设计划 上岛重二

我从 1954 年进入三井物产后，长期从事包括东亚市场在内的商务工作，请允许我站在日本产业界的立场上讲几句话。

到目前为止，各位先生先后发言，关于东亚市场所走过的道路以及今天所面对的问题，我与各位的基本认识完全一致。我想谈谈怎样看待迄今为止商务领域发生的事件，以及将来我们应该怎样看待这些问题。

刚才大河原先生讲了，1997 年亚洲金融危机是美国一种对冲基金破产所致，随后其影响瞬间波及东亚金融市场，以泰国铢大幅贬值为导火索，各国经济方寸大乱，这些还都让人记忆犹新。

针对这个事件，国际货币基金组织的处方并未奏效，结果还是在亚洲内部，各国互相依存、互相援助把这些困难解决了，这是跌倒后站起来的经验。这件事成为一个重要契机，是后来在思考亚洲各种事务时被借鉴的一个经验。

当时三井物产也遭遇了货币大幅贬值、原来投资的海外资产大幅缩水等问题。再加上欧美金融机构对泰国同施援手，因为当地资金调度极其困难，必要的资金支持要仰仗日本的金融机构（日本输出入银行），把大量资金投入到当地企业。同时，面对国内市场不景气的局面，母公司与海外子公司联手，为产品一旦在日本出现滞销寻找新市场，包括到第三国拓展销售市场等，互相提携，终于渡过了危机。这种体验直到今天还很生动鲜活。

缘于这个经验，人们开始考虑设置缓冲机制，以应对在东亚之外有可能发生的、类似的经济危机。这就是今天各种各样的区域内部经济、政治的连锁反应的起因。

进入 21 世纪后，亚洲经济一体化进展很大。我们都能看到两个重大的契机成了它的背景：一是众所周知的，中国经济非常迅猛地发展。中国的经济发展，特别是 2000 年以后的发展，大大超过了预期的速度和规模；二是世界经济的全球化进程不断加快，在亚洲出现了新型业务模式。我认为这两点不能忘记。

就中国和东盟，我只说一点，1997年亚洲金融危机发生之后的五年间，我作为经济团体联合会的一员，每年都在东亚五国间来来往往。每年，我与首相（总理）、总统、各政权中担任重要角色的人士以及各国经济界领导及日本经济界人士进行对话。我刚才所说的中国发展，还有金融危机后的混乱这两件事，大致在2000—2001年，亚洲的泰国、印度尼西亚、马来西亚、新加坡以及越南等国家都有这样的印象：一些国家的首脑们、政界高层以及经济界人士，认为中国的发展"令人生畏"。中国如此发展，我们很头疼应该做些什么。不过，这之后，如果中国作为世界工厂（Factory China）、世界市场（Market China）持续不断地发展下去，其他各国为了将来在亚洲发展自身经济，就不要与中国对立，要共生，共同生存十分重要。竞争虽然存在，但是从2000年开始，我们需要走上谋求共生之路。从那以后到今天的历程，刚才几位先生都已经谈到。

在这一过程中，作为新型业务模式出现的是生产工序国际分工体系，换言之就是细化业务系统（Fragmentation Business System）。众所周知，Fragmentation是碎片，或者分割的意思，也就是说分割生产工序。最早，生产都是尽可能地集中在一个地方，从最初的调度、原料、零件、加工，到最终的组装、销售在一个地区迅速完成，这是长期采用的传统模式。但是，东亚地区的多样性极其复杂。无论是劳动力，还是基础设施、电力、税制等问题，实际上各国各不相同。是否有熟练工人，劳动密集型产业所需劳动力是否足够充足，各国的情况有迥异的多样性。这样，日本以及作为最终市场的中国，还有周边各国，均需要考虑多种要素的组合，在最合适的地方为分割工序选的厂房在哪里，把多种工序产品汇集何处组装最终产品，直到销售的整个业务模式，这就是所谓的生产工序国际分工体系（Fragmentation Business System）的业务模式。最早是日本企业、跨国公司纷纷选择了这个模式，现在国际分工已经在东亚落实下来，以此为基础，物资流动，经济迅猛发展。

东亚地区与其说是一个用陆地，不如说是用海洋把市场联系起来的区域，这一点和欧盟、北美不同，这也许就是海洋性。在现行的国际分工体系下，我们需要做什么才能够控制住跨国运输、通关、服务价值链成本（Service Link Cost）等非常重要。其原因和基础就在于，如果要保持国际竞争力，努力使自己在竞争中生存下去，那么降低这些服务价值链成本非常重要，它是原动力所在。为了实现这个目标，跨国贸易行为要求各国政府消除规制和壁垒。这一呼声理所当然，分工体系就是在反反复复的多次要求中诞生的。

这些自由贸易协定的历史，各位都已经谈及，我就跳过了。我刚才说到经济趋势和现状是以事实在先的方式建构了自由贸易网络。这与欧盟、北美不同，这是亚洲市场一体化签署通商协定的特征。欧盟和北美以搭建制度框架的形式被快速推进，亚洲的实情则是以事实为基础，是事实先导型的推进。

我们应该为今后建立亚洲经济圈并使之稳固做些什么呢？应该珍视什么呢？我想谈一谈自己的看法。

刚才已经说了，亚洲区域内贸易超过了50%。但是同时，亚洲目前的经济构造依然是极其依赖向欧美出口，这也是事实，特别是雷曼事件（Lehman Shock）以后，需要摆脱它的影响是刻不容缓的课题，现在所有人都在为此尽心竭力。

很重要的问题是，将来怎样在东亚拉动需求。东亚的中产阶级在扩大，这一阶层是带动经济发展的消费阶层。中产阶层在1990—2008年，拿东亚起飞前十年与后十年做比较，我记得原来整个东亚的中产阶级为1.4亿人，现在增加到了8.2亿人，一下子增加了5倍多。而且，以中国和印度为中心，中产阶级人口迅速增加，这两个国家共有6.2亿人。中产阶级的增加是今天东亚市场充满活力的重要原因，以后怎样保持增长的最重要的关键点是，如何创造内需。

亚洲今后怎样建设基础设施与拉动需求关系密切。储蓄过多是亚洲的特征，这是亚洲各国共同的特征。把储蓄过多与基础设施投资联系起来很重要。这样，关于基础设施投资，放眼整个亚洲市场，思考在哪里投资，对什么投资最有效，对各国的经济发展最有益，就是所说的东亚东盟经济研究中心（Economic Research Institute for ASEAN and East Asia，ERIA）的基础设施建设计划。我只针对将来的趋势说一点。一直以来，放眼全局，在亚洲达成一致的计划始终难以出台，亚洲各国各有各的考虑，难以把讨论的设想付诸实行。日本倡议16国政府共建的智库——东亚东盟经济研究中心，终于在两年前成立，它汇总了这个计划。这是以各国政府背书的形式，描绘了怎样思考亚洲才是最佳的共同愿景，然后向各国政府谏言。各国政府接受后，与民间合作，商讨怎样努力才能实现目标。这是亚洲的首次尝试，我对此抱有很高的期待。日中韩各方进行了各种对话。中国、韩国也对东亚东盟经济研究中心的计划颇感兴趣，日本也是。日中韩的问题是个大问题，今天由于时间关系，研讨会还将进行下面的议程，东亚东盟经济研究中心提出的是一个东亚共同的发展项目，韩国、日本、中国将怎样合作，合作时以怎样的形式加以具体化，我认为应在政府层面、民间层面展开对话，这关系到东亚未来的发展。

主持人：感谢上岛先生。接下来，请北山祯介先生赐教。北山先生是三井住友金融集团的社长及三井住友银行的会长，三大银行的首席人物。有请北山先生。

东亚市场一体化路径——以金融领域为中心　北山祯介

感谢主持人的介绍，我是三井住友金融集团、三井住友银行的北山。感谢主办方邀请我作为专题讨论嘉宾参加这样的研讨会，我非常荣幸。刚才，有嘉宾谈到了1997年的亚洲金融危机。我那时候在东盟的主要国家之一——泰国任分行行长，正值泰铢大幅贬值的泡沫经济末期，从那时开始时至今日，与泰国的交往已达十年以上。因此，结合我个人的工作经历，我对亚洲抱有很强的责任感。

我一直在金融领域工作，对这方面接触较多，但是作为专题讨论的最后一个发言者，我和大家的发言有相当多重合的部分，几乎是意见一致，我就把想法整理一下与各位交流。

首先，我们来看看 1993 年的欧盟。这是市场一体化的先例，根据欧洲委员会的报告，欧盟各国发挥各种经济优势，使区域内的 GDP 增长了 1% 以上。和欧洲相比，东亚推动市场一体化的经济优势绝不逊于欧洲，存在很大潜力，主要理由有三（见表 1-1）。

表 1-1　东亚市场一体化意义

■ 市场一体化带来业务扩大和成本降低
■ 通过技术、资本、劳动力的自由流动来实现经济效益
■ 统一制度、技术规范使东亚有可能展现由东亚倡导的规范

第一，市场一体化将带来业务范围的扩大和成本下降。第二，东亚各国处于极为不同的发展阶段上，所以如果技术、资本、劳动力可以自由流动，则很有可能实现可观的经济效益。从直接投资到证券投资，从普通劳动力到实现专业人士的人才流动，扩大交流范围，东亚经济发展会更加强劲。第三，由东亚倡导形成规范，并向世界展现规范。欧洲在市场一体化的过程中，在各个领域制定了区域内通用的章程和规范，引领形成国际规则的潮流。东亚各国也应该朝着使各种制度、技术规范统一化的方向加强合作，这关系到区域内各国的利益，也是为国际社会作出贡献。

东亚市场一体化虽然有巨大益处值得期待，但是历史、文化、制度的多样性，发展阶段的差异性，使得东亚难以以欧洲为模式进行一体化。这些意见各位有必要耳听心受。（见表 1-2）

表 1-2　东亚市场一体化策略

■ 互有优势，从容易实现的领域着手，战略性、阶段性地推进不仅具有现实意义，而且成功的可能性较大

✓ 东亚历史、文化、制度具有多样性，发展阶段具有很大差异性

✓ 市场一体化在事实层面步步推进
　○ 东亚区域内贸易占比 54%
　○ 超过北美（43%），直逼欧盟（57%）

　　刚才有嘉宾也谈到，东亚区域内贸易占比处于很高水平，已经明显超过了 50%，我们需要注意到市场一体化在现实层面已经推进了。

　　我主要谈一谈金融一体化的课题。

　　欧洲市场一体化可以追溯到 1951 年成立欧洲煤钢共同体并签署协议时起，经过了 42 年，到 1993 年终于实现。在这一过程中，金融一体化处于市场一体化的最终阶段，即 1985 年发表了涉及金融服务自由化的《关于建立内部市场白皮书》以后，才正式开始（见图 1-4）。1987 年，欧洲区域内实现了外国企业上市、证券发行、卖出的自由化，使跨境资本流动活跃。英国某智库向欧洲委员会提交的报告指出，金融市场一体化促进了金融市场竞争，区域内股份形式的资金供给成本降低了 0.5%，公司债券形式的资金供给成本则降低了 0.4%。之后，欧洲也一直致力于金融市场一体化，2009 年 11 月预计实施决算服务指令，这是协调区域内汇款、决算的相关法律规定。

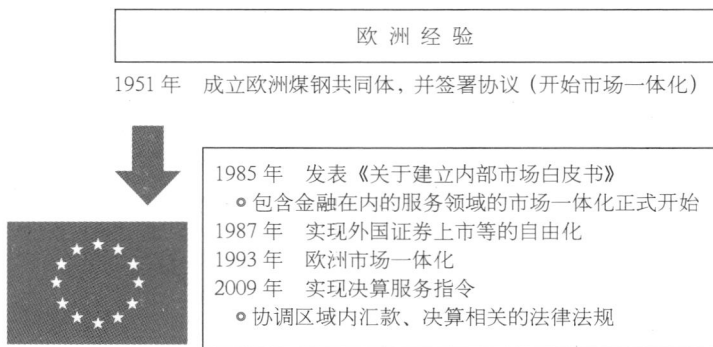

欧 洲 经 验
1951 年　成立欧洲煤钢共同体，并签署协议（开始市场一体化）

1985 年　发表《关于建立内部市场白皮书》
　○ 包含金融在内的服务领域的市场一体化正式开始
1987 年　实现外国证券上市等的自由化
1993 年　欧洲市场一体化
2009 年　实现决算服务指令
　○ 协调区域内汇款、决算相关的法律法规

图 1-4　欧洲金融领域的市场一体化

我们也期待东亚区域从贸易到金融服务的推动，从直接投资到证券投资的市场一体化进程。为了推进这个进程，东亚各国有必要使金融资本市场更加自由、开放、有信誉。

在这一阶段性策略下，我想谈谈金融领域当前所面临的课题（见图1-5）。

■ 当前的课题是使东亚金融市场成为更加自由、开放、有信誉的市场

> 放宽资本交易、外国金融机构准入等的相关规定

> 强化有利于金融交易、金融服务基础的法律制度

> 金融资本市场的建设与培育

图 1-5 金融领域当前所面临的课题

首先，关于资本交易、外国金融机构准入的相关规定。在东亚国家中，韩国在亚洲金融危机后，推动了资本交易的自由化。中国在2006 年允许在中国注册的外资法人银行开放人民币业务，努力推动自由化进程。今后，东亚各国继续致力于这样的努力，不仅对本国、对各国经济发展有所贡献，这种努力还将成为促进未来东亚市场一体化的原动力。

其次，强化有利于金融交易、金融服务基础的法律制度，这一点很重要。例如，在东亚地区，20 世纪 90 年代末期的金融危机以后，从构建让企业和投资家放心的市场这一观点来看，公司法、债权法等相关法律制度的建设在进展中。近年，APEC 也为推动法律制度建设而努力，有必要使法律制度更加富有实效，提高可信度。

再次，为了能把亚洲区域内的储蓄用于亚洲经济发展而进行有效的投资，东亚需要进一步完善东亚金融资本市场。除了日本，东亚当地货币建立的债券市场，在这 12 年中扩大了大约 7 倍，他们以有政府背景的金融机构作为担保，力图提升东亚当地货币建立的债券信用，为握有

亚洲债券市场建设的主导权而努力。今后，东亚将进一步建设与作为经济发展基础的交通、港湾、电力等基础设施投资相关的金融市场，并使之多样化。

最后，作为金融领域的长期课题，我想简单谈一下货币一体化。

还是以欧洲为例，欧洲各国在 1993 年实施市场一体化以后，1997年实现货币一体化，2002 年欧元开始流通。由此，除降低了欧元区的汇率成本、消除了汇率变动风险外，欧盟各国还使市场一体化进一步得到发展。1999 年欧元诞生后，欧元占各国外汇储备的比例提高了近 10 个百分点，提升了欧元作为国际货币的地位。

为了统一货币，各国就需要把制定金融政策的主体从各国的中央银行移至区域内中央银行，当区域内各国物价上涨等出现差距时，实行金融政策就有难度。针对这个问题，欧盟在统一货币时，为了稳定货币价值，对各国通胀率、长期利率、公债结余占 GDP 的比率等设置了上限，根据经济状况附加了收敛条件。东亚各国在通胀率、长期利率水平上存在很大差距，请看表 1-3，这张表很有影响，在新闻中也出现过，公债结余与 GDP 之比这一项，日本与其他亚洲国家相比就非常突出。在这个时间点上，东亚各国以货币统一为前提的宏观诸条件如果没有理顺，不远的将来就不可能有所期待。欧元是否能成为货币统一的优秀先例，有必要对此进行深入讨论，且需要很长时间。

重要的是，各国除了提高各自货币的流通性、信用状况和灵活性之外，还需要推进像《清迈倡议》那种各国达成一致意见、在区域内制定货币互换协定来协调货币的举措。这是非常重要的，只有这样才能看到亚洲货币的未来。

这是我的基本观点。谢谢各位！

主持人：谢谢北山先生。各界代表阐述基本观点到此为止。各位嘉宾指出，东亚在现实层面（the fact）的市场一体化已经取得了相当大的进展。而且，东亚较之欧洲，差异性非常显著，包括历史、宗教、政治体制，还有经济的差距，东亚还不具备推动像欧洲一体化进程的那些条件。说到美国的贡献，在推动本地区一体化进程中它的作用非常重要。此外，在这一过程中，跳过市场一体化，一蹴而就创立共同体是不现实的。因此，从市场一体化开始，然后实现货币统一，一步一步走，不断努力朝着政治一体化迈进，这才是共同体的路径。

表 1-3　东亚货币一体化的长期课题

●制约金融政策实施，作为前提条件的宏观诸条件尚不具备
●提高各国货币的流通性、信用状况、灵活性，协调货币非常重要

	消费者物价上涨率 （2008 年）	长期利率 <10 年国债 > （2009 年 1 月 1 日）	公债结余与 GDP 之比 （2007 年）
最大	缅甸 （26.8%）	印度尼西亚 （11.89%）	日本 （162.5%）
中间	中国 （5.9%）	马来西亚 （3.22%）	泰国 （37.5%）
最小	日本 （1.4%）	日本 （1.18%）	中国香港 （1.7%）

		消费者物价上涨率	长期利率	公债结余与 GDP
参考	日本	1.4%	1.18%	162.5%
	中国	5.9%	2.76%	17.3%
	韩国	4.7%	4.22%	33.3%

　　强化日中韩之间的信赖关系十分重要，我想这是由大家合作完成的。以上就是对基本观点阐述的总结。

专题讨论

从市场一体化、建立信赖关系到构建和平　傅高义、朴明圭、郑新立、大河原良雄、上岛重二、北山祯介、浦田秀次郎、杉本孝（主持人）

主持人：现在开始，我们继续阐述基本观点，进行专题讨论。讨论时间规定为第一个专题约 30 分钟，第二个专题也是大约 30 分钟。

首先，请允许我根据刚才基本观点的阐述，提出专题讨论的题目。

第一个题目是，东亚市场一体化是日中韩分别围绕东盟签署自由贸易协定，从三个东盟＋1 开始，日中韩三国间的市场一体化不一定进展得很顺利。今年 10 月 25 日，本周的早些时候，在泰国华欣召开了东亚峰会，日中韩经济官员就明年共同开发自由贸易区正式达成一致意见。可以说，原来一直没有进展的日中韩自由贸易区终于开始启动。今后，是否能顺利发展，尚不能预测。

我想请教的是，日中韩自由贸易区谈判迟迟没有进展的直接原因是什么？为什么未见各国为消除障碍而付诸积极努力？请各位赐教。

请傅高义先生开始。

傅高义：我并不是专家，只从美国角度来谈我的印象。我认为国内政治因素是中日韩贸易自由化进展缓慢的最大原因。例如，美国自己的企业，如果因为实行自由化蒙受了损失，这很难办。于是，政治方面会通过华盛顿有所反应。经济方面，如果能够通过经济手段自己把问题解决了，那固然好，如果不行的话，还是要通过政府来保护自身的利益。比起决策的合理性，往往会优先考虑需要特殊关注的问题。如总统为了赢得某个州的议员支持，不得不做一些原则性让步。我认为这是自由贸易协定很难达成一致的最大原因。许多国家也是如此。大家认为自己的企业是特殊的，就会出现对政府施加影响的问题。

主持人：谢谢！

接下来，有请朴教授。

朴：我虽然也不是经济学专家，但是，我认为东亚经济一体化没有进展的原因是，与事实层面的经济一体化相比，社会、政治层面一体化的努力没有跟上。对比国内市场，韩国传统上更加重视国外市场。在韩国，很难用政治、经济两方面都实现双赢来说服国民，政治导向没有那么强烈。我认为这些都是重要理由。当然，日中韩三国的经济结构不同，经济的利害关系不同也是原因之一。基于历史原因，东亚地区内的信赖关系比较脆弱，这是推动经济一体化的一个障碍。

虽然存在上述理由，但是，我认为东亚可以更加积极地有所作为。那么，没有成果的原因是什么呢？是彼此间在制度化层面上要解决这些问题的努力还不够，或者说没有出现能够推动此事的区域领袖。经历了亚洲金融风暴，制定整个东亚的发展框架显得非常重要。

主持人：有请中国的嘉宾郑新立先生发言。

郑新立：我认为中日韩自由贸易进展缓慢原因有三。首先，是历史原因。中日韩之间存在若干问题，这些问题没有得到妥善处理，以致影响了国民情感，对成立贸易自由化的区域组织产生了影响，导致谈判停滞。其次，是对美国的过度依赖。中日韩贸易最初都是以美国为主要的出口市场，对美国市场的过度依赖使得看不到眼前的、与邻国贸易给本国经济发展带来的益处。最后，就是农产品问题。今天想来，农产品问题并不是那么严重的问题。现在，三国的农产品贸易量已经很大。以上三点理由，虽然都不是什么真正的问题，但是东亚地区应该从现在开始，展开像今天这样的研讨、协商，以尽早迎来推动经济一体化有所进展的新阶段。

主持人：谢谢！接下来，请大河原先生赐教。

大河原：换一种说法就是，东亚各国都难以推动自由化进程。

例如，离题稍微有点远，APEC 于 1993 年开始召开领导人非正式会议，1994 年在茂物发表了《茂物宣言》，非常雄心勃勃地阐明了自由化原则，1995 年在大阪发表了面向自由化的《大阪宣言》。但此后，对自由化的包容度逐渐降低。面对加快自由化进程，在相关国家都对自由化犹豫不决的时候，美国提出了建立自由贸易区。

在日本，特别是围绕农产品，遭遇了来自国内的强烈抵触，导致推动自由化的举措难以出台，现在也是这种窘况。再如，中国加入了 WTO 之后，建立怎样应对 WTO 原则的体制是个非常重大的课题。这些都使日中韩自由贸易区陷入了难以再进一步发展的状态。

主持人：谢谢。下面有请上岛先生。

上岛：我有以下看法。我的理解是，着眼大局，相关国家的政府都赞成签署韩国、中国、日本三国间的自由贸易协定。但是，把大局落实到微观之处，无从下手也是事实。日本和韩国的经济结构非常相似，且双方同为工业国，竞争极其激烈。这就导致如果签署了自由贸易协定，对韩国经济界就会有遭受巨大打击的担心，无论是与日本经济界同行的对话，抑或在韩国国内每次讨论都会被提出来。中国的情况，刚才大河原先生已经讲得非常透彻了。

谈到保护日本农业，需要考虑到在协定中明确，如何改革日本农业结构，未来怎样发展日本农业，以保障日本将要面对稳定的食品供给问题，这两方面今后都要谈判。我期待这能成为一个切入口。签署日中韩三国间的协定，我认为困难重重，这也许需要以日中、日韩、韩中这样的双边形式来推动。如果推动建立包括投资协定在内的自由贸易区，政治意志是至关重要的。政治的顶层意志可以推进这一进程，在这一过程中妥协、彼此达成协议。开拓这样的道路非常重要，现在已经进入这个阶段了吧。

主持人：谢谢上岛先生。有请北山先生。

北山：到目前为止，我与参与专题讨论的各位先生的意见相同，概括起来就是来自利益被损害企业的抵触、历史问题、对共同体的认识不足等。

如果先把这些问题搁置一边，我们考虑一下将来的事情，日中韩开始针对自由贸易区展开各种讨论的话，会很有意义。

2008年12月，日中韩领导人会议提出，根据日中韩三国智库的研究，如果日中韩签署自由贸易协定，各国的GDP将会增长——日本将增长0.3%，中国将增长0.4%，韩国将增长2.8%。也就是说，日中韩自由贸易协定给三个国家都会带来很大的好处。加之，日中韩各自分别与东盟签署了自由贸易协定，日中韩如果推动签署自由贸易协定，将会使东亚市场一体化步入一个新的阶段。日中韩将在广泛的领域中共享益处，谈判将会更加顺利地进行。

我站在银行的立场上来说说金融领域。在和东亚各国进行谈判时，日本常常希望其他国家能够减少对建立新支行、外国资本出资比率等的限制。我们也是这样。日本银行，无论是区域银行，还是我们这种全国规模的银行，都把亚洲定位于主要市场从事商业活动。日中韩围绕自由贸易区的谈判将成为一个杠杆，如果东亚能够推动放宽限制、实现自由化，银行将会为作为商业伙伴的客户带来便捷，并且进一步提高、强化经营业务的效率。

主持人：谢谢！有请浦田先生。

浦田：谢谢各位。首先，关于日中韩自由贸易区，中国国务院总理朱镕基主张非正式形式，在 2000 年年初，就已经提议。北山先生也谈到三个研究机构：中国的国务院发展研究中心（DRC）、韩国的对外经济政策研究院（KIEP）和日本的综合研究开发机构（NIRA）联手做共同研究，2009 年开始日本综合研究开发机构换成了亚洲经济研究所。我最初也参与其中。关于难有进展的原因，我认为还是来自国内对自由化的抵触，这是最重要的障碍。各位刚才都谈到，日本的阻力是来自农业，韩国是来自中小企业的呼声，这些是相当大的因素。至于中国，我认为汽车和服务业等未来产业，并不想急于开放。我在前面的发言中已经提到，存在自由化的方略，如与农业相关的，往往给予受害者适当的补贴，假以时日，实现自由化。如果三国对基本方针达成共识，就可以推进自由化。

现在，日本和韩国的自由贸易谈判已经中断。其中一个理由是，日本的农业、韩国的中小企业反对。据我得到的消息，韩国方面对日贸易赤字很大，如果签署了自由贸易协定，他们担心赤字会变得更大。因此，日中韩在看到贸易收支的赤字时，就出现很有意思的现象：日本对韩国出超，即出口额超过进口额；韩国对中国出超；中国对日本出超，也就是日本对中国入超。所以，统计三国的累计数字，贸易赤字问题就消解了。我认为可以据此进行贸易自由化谈判。

在投资协议谈判方面，也没有进展。实际上，日本非常希望签署投资协议。中国也希望日本能够实现市场自由化。如果这样，彼此互相迁就妥协，日本开放自己的市场，中国开放投资，如此推进谈判，也许能够达成妥协，存在顺利发展的可能性。因此，三国要努力想办法，推动谈判。我认为如果可以找到解决办法，结果就会形成包括有投资意义在内的自由贸易区。

最后一点是，关于从明年（2010 年）开始在政府层面讨论三国间自由贸易区形成的可能性，杉本先生也谈到这些，上面提到的三个研究机构确实从 2001 年起着手做这件事。我认为从研究角度该做的基本上已经做完了，希望从明年开始在政府层面，不是研究，而是展开讨论，进一步探讨实现自由贸易区的可能性。

主持人：谢谢！到此为止的讨论，有几位谈到日本在农业问题上的抵触很强烈，韩国的阻力是来自中小企业，中国则是来自将来作为支柱产业的汽车工业的抵触，这些领域有可能受到利益损害，他们的反对声出现在不同的国家中，是导致自由贸易协定谈判没有进展的主要原因。受害者大声发出了声音，但是人们没有理解到还有超越这些利益的事情，以致形成了抵制者占上风的局面。

对这一点，以农业问题为例，日本农业脆弱的观点是否正确呢？例如，日本大米非常好吃，即使价格极高中国也愿意接受，这就出现了推动日本农业结构改革，使其企业化的观点。这样看来，将来开放日本农业是件好事。针对这一点，哪位嘉宾有什么看法吗？

傅高义：我不认为这是个案，所以从宏观角度来谈谈我的看法。我认为还是政治因素非常重要。自民党的基础是农民。我认为，中国和日本的民主主义有很大的不同。中国站在国家整体的立场上，思考对国家来说什么样的政策最好。而日本的农业人口极少，从国家的利益关系考虑，这意味着一些农产品可以进入，这是国家的立场。但是，在体现国家利益的民主过程中，合法程序在日本影响深远。例如，在美国的尼克松时代，为了获得南部的支持率，就要保护纺织业。这对国家来说绝对是没有道理的事，但这是政治需要。因此，民主主义的国家中，比起整体，个案效用往往在政治中显得很重要。在美国，把整体看得很重的基本上是经济学家。考虑国家整体，主张推动自由化的弗雷德·伯格斯滕（Fred Bergsten）是彼得森国际经济研究所所长。大河原先生指出，1993年APEC领导人非正式会议召开，开始出现推动自由化的趋势，当时伯格斯滕作为经济学家非常有影响力。所以，经济学家很强势的话，在经济上就会积极采取开放政策，而在政治过程中，也是非常有影响力。

主持人：谢谢！还有哪位有什么看法。浦田先生，请讲。

浦田：傅高义先生最后谈到的这一点非常重要。有个很有意思的问卷调查，问在什么时候人们会赞成自由化呢？调查结果是，当经济运行良好的时候。因此，也许是顺序的问题，今天日本以及其他国家必须要做的事情首先是恢复经济，由此才会有更多人赞同自由化。还有一点就是，先不管在农业领域的从业者中，创业创新并获得成功的人是不是有很多，但是，我认为一定有。我认为应该聚焦这些人，通过这些成功案例，告诉国民自由化、结构改革后会出现的现象，来争取国民的支持是很重要的。

主持人：谢谢！

第一个专题的讨论到此为止。接下来，开始第二个专题。在泰国华欣召开的东盟首脑会议上，大会提出了构建东盟共同体的长期目标，商讨并就东盟 10 + 3 与东盟 10 + 6 框架达成一致意见。浦田先生刚才介绍了这些情况。

在首脑会议午餐会席间，澳大利亚总理陆克文倡导建立更大范围的亚太自由贸易协定。各国就东盟共同体在何种框架下构建，产生了相当大的分歧，马上取得一致意见恐怕不太现实。

在本次研讨会上，东亚共同体在怎样的框架下搭建，成了必须要讨论的焦点问题。从长远来看，东亚共同体到最终实现，还有许多前提条件需要确立。诸如有必要进一步推动市场一体化，经济一体化和货币一体化也必须成为我们的目标。我认为在这样的基础之上，逐渐使推进政治一体化成为可能，这样东亚共同体才能有前景。为了把这个过程一步步向前推进，必不可少的就是强化日中韩三国间的相互信任关系。到目前为止，日中韩三国动辄交锋对峙。这里有历史的原因，这是无可奈何的事情，对现状不满也没有什么意义。日中韩现在需要做的是，正视现实，集中思考怎样做才能加深相互信赖。

这里，我请教各位两个问题：第一，改善日中韩三国之间不能充分信任的现状，使之成为相互信任的邻国，日中韩三国应该共同携手做哪些事？第二，有别于联手合作，日中韩三国各自又应该做哪些事？

如果傅高义先生能站在第三者的立场上，给出包括日中韩各自所作努力在内的建议，我们将非常荣幸。有请傅高义先生。

傅高义： 我不知道是否能成为建议，在我看来，中国的发展势头非常强劲，改革开放激发了中国能量，各个行业的发展都是改革开放前无法比拟的。1977 年中国恢复高考后进入大学的年轻人之中，一部分人大学毕业后去了海外求学，所以这代人容易与外国建立密切的信赖关系。我认为某种程度上，这只是时间问题。当然，中国领导人也会采取今后与日本建立良好关系的政策，但是无论怎么做，还是难以摆脱各自背景以及历史制约。

韩国和日本，我感到彼此极其了解。实际上，两国已经有了非常多的合作与理解。韩国人虽然一边对日本人发着牢骚，但是考虑到自己的利益关系，一边又非常能够相互理解。我就是感到他们彼此相当了解对方。

主持人： 谢谢！有请朴先生。

朴明圭： 我想谈三点。第一，东亚的人们应该认识到一体化到底会有什么样的效果，而且是否有必要。为了取得这些共识，我们应该做些什么。关于推进自由化的效果，大家有必要进行更全面的探讨。截至目前，我们过多地把一体化放在经济范畴中看待，一体化既会给经济带来积极效果，也会带来消极效果，既有利益也有损失。不过，一体化会带来和平和建立相互信任，同时一体化在非经济范畴具有很大效果。我们有必要把目光转到这方面。反过来说，这意味着为了实现经济一体化，需要同时在非经济领域努力建立相互信赖的关系。

第二，刚才有嘉宾提到了多层理论的观点，这一观点非常必要。也就是说，为了和平的市场（market of peace）很重要，为了市场的和平（peace of market）也很重要，这两个方向都很重要。

第三，对自由化的抵触或者犹豫，是由对推进自由化本身的不信任造成的，也有对对方国家信任不足造成的。站在韩国的立场上，既对中国恐惧，也对日本恐惧。日本、中国分别也是这样吧。也就是说，如何通过推进自由化克服这种国与国之间的恐惧和不安。我们有必要说服大家，努力把这种认识推广开来。

这里我有一个提议，东亚三国共同制作新闻报道，怎么样？利用广播、电视等媒体，例如，韩国的广播、电视对本国报道详细，对美国报道详细，但是对日本、对中国就不怎么报道。我想，日本和中国大概也是这种情形。应该像欧洲那样有共同的新闻报道。我认为为了共享新闻、信息而付出努力会很有效。

主持人：感谢您的具体提案。有请郑先生。

郑新立：第一，我认为无论是在"东盟＋3"，还是在"东盟＋6"中，中日韩都应该发挥主导作用。中日韩三国的经济体量和贸易量是亚洲最大的。

第二，中日韩三国有必要通过宣传把自由贸易区的经济优势和由此产生的福利告诉给人们，既要告诉企业，也要告诉人民。从这个意义上来看，正是宣传不充分导致了没有必要的恐惧。

第三，发挥"以民促官"的作用，特别是要充分发挥智库的作用。也就是说，经济学家看到的，往往是一般民众不容易看到的。通过智库，经济学家、社会学家、历史学家一起交流，充分沟通特别重要。

第四，通过智库间的交流改善三国间国民的负面情绪。

主持人：谢谢！有请大河原先生。

大河原：澳大利亚提出的亚太自由贸易协定问题，刚才触及了一些，怎样发挥 APEC 的作用是当前各相关成员都非常关心的事情。我认为特别是美国这样想的，从这个角度来看澳大利亚的提案，结合现有的若干现象来看，我觉得并不是多余的想法。

从亚洲共同体、三国合作的角度来看，日中韩合作的必要性从很早以前就被强调、被期待过，但是实际上远没有实现。最初日中韩首脑会面是以早餐会的形式开始的。当时是在东盟首脑会议之际，日中韩首脑均出席，所以只是借此机会聚会一下而已。经过十年，2008 年 12 月三国领导人在福冈召开会议，2009 年 10 月召开第二届会议，可以视作三国领导人会议总算走上了轨道。三国领导人会议进行紧密联系的同时，如果能够以东北亚和平与稳定为中心保持紧密联系的话，那么将会出现令人期待的结果。所以，日中韩一定要积极推动好不容易走上轨道的三国领导人会议，巩固会议成果，以此来改善三国间的信赖关系。

遗憾的是，小泉内阁时代没有促成首脑层次的日中、日韩间的对话，现在终于以举行领导人会议的形式有所行动。我希望通过这个机会，一定要努力巩固三国间的信赖关系。

还有一点，刚才也谈到了，共同体不可能一蹴而就，可在以形成区域性组织的目标意义上，日中韩三国就金融、能源、环境等具体的经济问题，从组织的职能、作用等方面充分展开对话，由此推动三国间的合作关系。我认为应该以实现经济共同体为目标作出种种努力。

主持人：谢谢！这是非常有前瞻性的提案。接下来，我们有请上岛先生。

上岛：我认为，各方在脚踏实地地探索使东亚形成一个经济圈，这是一个事实。同时，大家也有共识，市场一体化的道路还很漫长。因此，日中韩从可以做到的事情开始，分阶段地进行，最终完成目标比较现实。

今天，反复说到了多层，"东盟＋3"、"东盟＋6"、亚太自由贸易区等，我个人认为"东盟 + 6"难道不是更好吗？把经济发展不可或缺的资源大国——澳大利亚、有着巨大潜力的中国、有着巨大市场潜力的印度包含在内，描绘出的最终画卷才是最被期待的。美国在越南参加 APEC 时，就提出了亚太自由贸易区，它的定位很有远见，我觉得很好。

只是在这一进程中，有三点必须确保做到：第一，还是 WTO 的多哈回合。因为为了推动自由、开放的贸易，对世界各国有强制力的平台只有 WTO。所以，签署 WTO 的多哈回合协议是我们必须要接着做下去的事情。第二，在考虑东亚经济的市场圈时，把东盟作为稳定的势力，让东盟在东亚市场具有向心力很重要。第三，就是 APEC。中国和美国都加入了这一组织，这是有 21 个成员围绕经济合作问题进行对话的共同机制。对每一个相关成员来说，今后在各种谈判、推动过程中确保该机制的顺利运行是我们的重要使命之一，需要有这个高度的定位。

谈到日中问题，建立信任还是最为重要的，需要做的事情很多。如果让我在各位发言的基础上再添加些内容的话，我认为经济、政治交流固然是首要问题，但是也要双方相互推动教育、多层次的人才交流。这不仅是产学官需要这么做，而且无论是旅游还是其他领域都需要这么做。走到那个地方，与那里的人们面对面交流，相互了解，必须从人与人建立信任关系的最根本的出发点开始，推动人才交流和教育交流。

主持人：谢谢！有请北山先生。

北山：我认为要进一步强化信赖关系。不言而喻，为促进区域经济进一步发展、推动市场一体化，建立牢固的信赖关系非常重要。

去年（2008 年），日中共进行了五次领导人间的互动，日韩间也进行了首脑间的穿梭外交，这些都是非常好的变化。而且，日本与中国 333 个地方、与韩国 125 个地方建立了姐妹城市关系，推动了城市层面的交流。民间层面如此，企业界存在同样情况。去年，日中间有 465 万人、日韩间有 476 万人的人员往来。为了使日中韩建立更牢固的相互信赖关系，大家提出了各种建议，我也想提出几点：

首先，与韩国朴先生的提案类似，日中韩可以从来自不同国家的、用外语制作本国信息彼此传播发放的重要性方面考虑。日中韩是世界上互联网普及相当迅猛的地区，国民普遍使用网络。日本可以通过互联网，用汉语、韩语积极报道日本现在的面貌。中国、韩国也可以用同样的方式报道其他两个国家，我认为这会很有效果。

其次，上岛先生谈到，日中韩要进一步扩大人员交流的观点也很重要，如可以在日中韩的大学生、高中生间实施在三国间留学、生活体验等项目。

最后，日中韩三国，要增加有政府支持的旅游项目，这是一个很好的想法。扩大三国间的人员交流，是进一步强化信赖关系的一个要素。

主持人：谢谢！有请浦田先生。

浦田：首先，我认为可以同时推进"东盟＋3""东盟＋6"、亚太自由贸易区。这是因为，这三个构想的核心课题，至少在我看来稍有不同。例如，亚太自由贸易区的自由化，是传统意义上的自由贸易协定。APEC，实际上——目前亚太自由贸易区还没有进展——是想法一致的成员聚集在一起的小型自由贸易区。具体来说，2005 年成立了跨太平洋战略经济伙伴关系协定（Trans-Pacific Strategic Economic Partnership Agreement，简称"P4"），由新加坡、文莱、新西兰和智利四国构成。这四个国家签署了 10 年后实现 100% 自由化的自由贸易协定。之后，美国、秘鲁、越南、澳大利亚表示有加入 P4 协定的意愿。2009 年 11 月，P4 更名为跨太平洋伙伴关系协定（Trans-Pacific Partnership Agreement，TPP）。由此，我认为在 APEC 中还是自由化最令人关心。与之相比，东亚全面经济伙伴关系（Comprehensive Economic Partnership in East Asia，CEPEA）、"东盟＋6"等最初的主要目的就是合作。首先要推动合作，进行磨合；其次是彼此认同制度，统一制度；最后才是自由化。"东盟＋3"看上去是自由化、磨合、协作同时进行，它的机制处于亚太自由贸易区与东亚全面经济伙伴关系之间。因此，这三个组织核心、内容、特征有些不同，而且其中有些地方非常不同，我认为三个组织可以同时推进。

其次，培养信赖关系，这一点也是在重复各位嘉宾们的意见。我想提一个非常幼稚的想法。例如，大学生的互换，主要是指在大学取得的学分互换，具体而言，在日本取得的学分，在中国和韩国大学也承认的这种学分互换制度，这样学生交流就变得非常容易了。

最后，针对各种人才职业资格，日中韩也可以建立相互认同证书的制度。例如，日本的行医执照在韩国也可以使用。我知道，这真要做起来非常难，只是作为一个例子来说明建立互认制度。涉及旅游的，主要是签证问题，确实已经放松了一些对中国游客的签证限制，但还是需要签证。

在日本，最近经常能看到像购物中心等地方，有日语、汉语、韩语的提示文字。我觉得如果韩国、中国也这么做的话，将会非常方便，这虽然是件小事，但是在这些地方用三国语言进行标识标记，会更便于游客交流。

主持人：谢谢！提案各有不同，但是出发点都是加深相互交流，强化信赖。

浦田先生谈到了为加深大学生交流，建立学分互换制度。我非常赞同彼此承认职业人才资格的建议，从简单的事情开始，如果彼此互认资格，这样得到了对方的国家认可，也可以凭借自己的能力很快在那里生存下来。我们彼此通过做一些事情，加深相互交流。例如，在以前小泉首相时期，曾经有经济特区的举措。我觉得可以首先在经济特区中承认在对方国家取得的资格，以此为开端逐渐扩展开来。

还有其他几个具体的建议。一是日中韩媒体一起播送同一个新闻，二是在环境、能源方面加深三国的共同理解，三是建立紧急援助机制。

关于资源，日中两国已经都是资源消费大国，最近出现了相同条件购买相同产品的局面。我认为有必要思考利用这种相同的立场，也同样适用于能源储备的相关领域。这其中最重要的恐怕就是环境问题。环境跨越国境，联系彼此，所以身处同一个地球，日中韩三国为保护同一个地球，必须要商讨取得主导权。我认为日本在这方面大有可为。

这一过程中，如共建包括资源、环境、灾害紧急援助机制等内容，各位有什么观点吗？

刚才傅高义先生触及了一些这方面的内容，请您谈谈。

傅高义：我还是认为环境和能源合作非常重要。特别是，在环保领域日本的技术非常先进，而且中国目前也在全力致力于环境改善，日中合作的机会有很多，在全球气候变暖问题方面，也有许多合作的机会。当然，在这一点上，美国也很想与中国合作。

还有一点就是关系交流，美国在人才交流方面提供了非常好的机会。现在，韩国人、中国人、日本人在美国的一流大学中一起学习。以哈佛大学为例，他们在肯尼迪学院、商学院、法学院等一起学习。如果能有效地抓住这些机会，便可建立自然良好的关系。现阶段还是去美国留学的外国人最多，汇聚了很多优秀的人才，如日本人在美国大学留学时，与中国人建立了良好关系，或是与韩国人合作等，很有可能对今后五年、十年产生极好的影响，甚至由此建立了信赖关系。所以，在发生利益冲突前建立友好关系，也许会避免冲突发生。

主持人：在发生利害冲突时，信赖关系有可能解决许多问题。郑先生，针对环境问题，与日本共同合作，中国有没有打算在这方面有所推动呢？

郑新立：在环境问题上，日本在硬件方面掌握着先进技术。韩国、中国如果与日本一起合作的话，可以生产大量的节能环保设备、产品，这不仅有益于改善东亚环境，还将对改善世界环境作出贡献。

在这方面，民间做了许多好事，但是媒体没有怎么宣传。几年前，我看过一则新闻。日本的老人和孩子们在周日带着自己做的便当，深入到中国的内蒙古或是沙漠、干燥地带，参加植树活动。我认为这种善举有必要作为正面新闻广泛宣传。媒体总是报道消极的、负面的新闻，总是关心那些给两国、三国的国民情绪带来很坏影响的新闻进行报道。媒体对好事不怎么感兴趣是个问题。现在，日本大学由于少子化，生源不足，甚至一些名牌大学也面临经营困境。如果是这样的话，是否可以扩招中国学生，在教育方面通过合作，从年轻时候开始建立三国国民间的友好关系。

主持人：谢谢！上岛先生，您有什么看法？

上岛：刚才谈到，10月10日在北京举行日中韩领导人会议。同一天，在北京人民大会堂举行日中韩工商峰会。日中韩工商峰会最大的看点，引用峰会所发表的《联合声明》中的话就是，"日中韩工商峰会上，三国经济界就金融危机应对、贸易、投资、金融、节能、环境保护达成了一致意见"。

具体来说，日中节能环境商务推进协议会于2006年成立。说到日本针对改善环境，在日中间可以做些什么，主流是技术方面的合作，目前也在大力推动。

至于今后的环境问题、气候变化问题以及能源问题都是全球性问题。三国之间要做的就是，日中韩经济界人士在节能、环境领域加强合作，扎实地推动这项事业。

主持人：谢谢！最后一个发言机会，请想发言的嘉宾举手示意。北山先生，有请！

北山：刚才的讨论提到了节能技术以及环保的重要性。日中韩为什么不能把它落实到普通大众消费者的层面来做呢？我想提一个看法，供大家考虑。麴町（东京地名——译者注）附近有一家国际机构——亚洲生产力组织总部，它每年在东南亚主办一次环保产品展会。实际上，我担任今年（2009 年）和明年的管理委员会负责人。展会今年在马尼拉、明年在雅加达举行。参展的主要是日本企业，还有主办国的企业，今年展会在马尼拉，所以以菲律宾企业为主，此外也有其他东南亚国家的企业。展期三天左右，参观者大约有八九万人，包括儿童。这是环保产品展会，以家电、节能为切入点，有循环利用的容器，从纸张到再生纸，这些都是在家庭生活中作为消费品直接使用的东西，也有耐用品，如汽车那样的大件，展出的都是环保产品和服务。我们金融机构有排放交易额度的展位，给前来参观的人们普及环保理念。因为是在当地办展，所以有相当多谈成了业务合作的案例。当然，是否由亚洲生产力组织主办不重要，我想如果日中韩也作这样的努力，将提升企业和一般家庭的环保意识。

主持人：谢谢！北山先生不是最后的发言者，请朴先生发言。

朴明圭：我只说一分钟。刚才谈到了灾害问题，在推动东北亚市场一体化的进程中，从长远考虑，朝鲜问题非常重要。日中韩三国应稍微关心一下朝鲜半岛问题，我认为有必要付出努力，让朝鲜作为普通成员，加入这个机制中。朝鲜问题是当下的问题。为了推动今后的东北亚一体化，也有必要这么做。今天是一个宝贵的机会，中国、日本的各位一定要为解决朝鲜问题献计献策。

主持人：谢谢！在第二专题的讨论中，许多嘉宾认为在今后进一步推动日中韩市场一体化进程中，三国间建立信任是前提条件，是不可或缺的。最后，朴先生指出，解决朝鲜问题是区域和平构建中极为重要的任务。

闭幕词

主持人：今天的"东亚市场一体化之路——日中韩和平构建路径图"研讨会到此圆满结束。这次是首次尝试，希望各位提出的各项建议能够被具体地推进。我想将来，我们一定会迎来朝鲜代表参会、共同讨论的时代。

今天，非常感谢各位莅临，让我们再一次鼓掌表示感谢。

第二部分

东亚市场一体化现状及发展的课题

第 一 章　东亚合作的新挑战

傅高义

　　在考察东亚市场一体化之时，惯例是参考欧洲事例。的确，把在经济一体化进程中走得很远的欧洲事例作为考察焦点是有帮助的，但是，我们有必要认识到第二次世界大战后之所以有可能实现欧洲市场一体化，是与特殊的环境因素分不开的。也就是说，构成市场一体化的欧洲各国，其国境线在东部相连，这一点与东亚的复杂状况有着根本性的不同。东亚各国及美国，有世界上最大的三个经济体，还有最活跃的中等规模的经济体。此外，基督教和罗马法给欧洲各国带来的历史纽带，要比儒学文化给东亚的影响强韧得多。

　　与东亚繁荣相关的三大国（中国、日本和美国）拥有迥异的文化和政治制度，所以在推动扩大共同市场的合作中，会遭遇到很多困难。一方面，三国都面临严峻的国内问题；另一方面，也都具有经济可持续发展的张力和潜力。因此，如果能够妥善处理所面临的困难，加深相互合作，那么三国均可获益。

　　中国、日本、美国以及韩国，各国都在经历着国家的根本性变化，妥善应对这些问题，需要贤明的领导人。作为一个深信四国紧密合作极其重要的美国人，在这里，我想阐述四国各自面临的困难以及如何解决它们。

1．美国的应对与作用

　　首先从我的国家讲起。第二次世界大战以来，美国在形成国际关系格局方面，保持着发挥最具主导作用的资源优势和意志。美国的经济规模在不断扩大，但是在世界经济中的占比有所下降，今后还将继续降低。美国在创立各种国际组织中发挥主要作用，并且拥有提供教育培训世界领袖的教育机构，促进科学技术在全世界中的应用。我们有智库、教育机构、金融机构和科学机构等，所有这些应该都在持续地为维护区域、世界秩序作贡献。各国对美国的各种非难，主要是指责美国力图支配世界，美国为了自身狭隘的政治、经济利益介入他国事务。几乎所有的美国人都认可对我们追求自身利益的指责。但是，我们确信，在很多的时候，这些利益不是仅仅给我们恩惠的狭隘利益，它可能是带给几乎所有人类的恩惠。我们一直为了世界的和平与稳定，做好了牺牲的思想准备。我们之所以这么做，不只是为了美国自身的利益，也是为了各国的利益。

除美国以外的各国经济发展、知识普及，在建立全球各项制度方面，发挥着比以往更大的作用，这样美国的角色作用就相对降低了。与几十年前相比，很多国家经济实力增强，在处理国际间各种问题方面积累了经验。美国人欢迎这些国家与我们一道努力解决世界的各种难题。我们毫不怯懦地顺应各国正在发挥更大作用的新形势，同时也认识到继续发挥主导性作用仍是我们的任务。

在过去十年间，美国受到了"9·11"恐怖袭击，明显感到安全受到了威胁，需要去应对新形势。在知识分子之间，非常流行指责乔治·布什对"9·11"的过激反应。不过，这确实是整个国家要努力解决的问题，全力以赴、竭尽全力是美国式的做法。其他国家批评布什领导的美国单独采取行动，但现实情况是，面对新的全球性威胁，在缺乏快速反应的国际性协作机制下，当一个国家面对这些威胁时，为此付诸努力是应该被理解的。

我们深切感到，长期以来，美国对冷战构造理解深刻，所以为了确保国际社会安定所作出维护全球秩序的贡献符合我们的国家利益。其他国家常常认为美国的做法未免性急，过分强加于人。但是，美国人认为，这是为了确保国际社会的安全，不惜做出牺牲。我们有能力和意志，不只为自己，也为其他国家，为理想的世界作出贡献。

"9·11"恐怖袭击事件给美国人的安全意识以强烈的冲击，这是此前从未经历过的事态，所以，我们有过激反应和心灵创伤。美国最高的两栋世界贸易中心大厦被袭，而且连五角大楼也直接遭到恐怖分子的进攻，我们必须进行强烈反击。我们近乎仓促的反应也极具美国特色。为了应对此前没有的紧急事态，凭借先进的技术优势，我们大胆地动员了军队。我们对恐怖分子穷追不舍，为从根本上解决问题做了大量的工作。由于没有敦促其他国家快速反应的机制，美国高级官员感到应对威胁很棘手。联合国以及其他国际组织也缺乏紧急事态下的应对机制。其他国家虽然批评美国单独采取行动，但是我觉得布什和他的高级官员除了迅速行动，没有其他选择。

在攻打伊拉克之际，许多美国知识分子认为军事打击是极其愚蠢的。他们在那里看到了参与越南战争的悲剧。但是，在"只要干，就能成"的美国精神下，在为了解决问题不惜牺牲的美国精神下，我们出台了考虑不周的美国政策。一些国家的高级官员指责美国意欲控制全世界。不过，从美国的立场来看，我们之所以这样做，不是为了控制世界，而是因为问题本身太过棘手。

现在，我们在伊拉克和阿富汗面临危机，就像很多美国知识分子预测的那样，不能强加给不情愿的民众一个不受欢迎的政府。但是，在伊拉克和阿富汗，我们面对的是几乎不可能完成的任务。这两个国家对美国来说，已经是无法接受的巨大消耗，而且，很明显美国撤军后维持稳定也是极其困难的。美国金融危机爆发的原因是高风险金融商品的信用不足导致的。面对金融危机，美国需要在国际经济中全力以赴让自己适应美国的新作用，而这加剧了美国国内的焦虑程度。

因为美国国内留下来的产业极少，所以要实现进出口平衡很困难。这还不是十分严峻的问题。各国很欣喜地把工业品出口到美国消费者市场，在"请支持美国经济"的声音下，他们把产品源源不断地出口到美国。他们通过购买美国的国债投资美国，再把他们的收益回流到美国。不过，今天继续维持高水平的收益已不再可能。海外的现金持有者把资金回流到投资回报率较低的美国的兴趣已经减弱。

日本有政治家为了当选而支持财政赤字的倾向，这样做的好处是，更容易获得不想多缴税选民的支持。在经济不景气时，政府官员们反而做好了承受更大预算不平衡的思想准备。现金持有者没有意愿购买美国国债来填补赤字，在要求更高投资回报之前，并不清楚这样的状况还将持续多久。直到金融危机发生前，美国家庭用信用卡购物就是这种方式。不过，金融危机导致美国人不能使用低成本的住宅贷款，这给年轻人组成的家庭增加了不确定因素和紧张感。

其他国家生产效率进一步提高，使得美国国内制造业的就业机会向其他国家转移，其后果是，造成美国 10% 左右巨大的结构性失业。制造业雇用向东亚各国转移，特别是流向中国，中国越来越强大的前景预测让美国一般民众神经过敏。全球信息技术发展的结果导致了服务业雇用转移，特别是信息处理的雇用转移是人们神经过敏的原因。从第二次世界大战开始到十年前，美国的就业形势应该说还是不错的。但是，国民经济和就业机会的不确定性提高了一般民众的焦虑感和情绪化。美国在伊拉克和阿富汗的巨大支出，造成金融危机、贸易和财政的不平衡，这些因素叠加至少会拖今后数年美国经济的后腿。

最近几十年来，一方面，美国稳定的、包容性较强的、稳健的、人数众多的宗教教派信徒在减少；另一方面，极端宗教组织在发展。

挽救大型金融组织加深了华尔街象征的金融界高收入者与一般民众间的裂痕。美国人原来对巨大的收入差距，没有反对声音。这被认为是努力工作，创造新机会的结果。可是，这次美国的一般民众发现，支付给高级管理层的工资、奖金是他们难以接受的高薪。薪水畸高不可能马上改变，这激起了爆发性的反应。许多人找不到工作，而拿着过度高薪的他们不把资金用于建设、用于创立能给所有人带来益处的企业、产业，民众意识到，他们和富裕者间的裂痕深刻到大萧条以后从未有过的程度。

美国的现代化不是在政府行政指导或管理下实现的，而是政府负责维护、治理公平竞争的环境，个人得到创造、建设、成长的机会后奋斗实现的。作为移民国家，我们得益于与外部世界自由便利的交往。不是我们的政府而是商业界，在经常发挥着作为世界公民的才能。作为不靠政府指导，而是凭借自己努力成就了企业家国度的国民，我们倾向于认为，只要给其他国家人民自由，他们也会同样地繁荣昌盛。当然，我们自身的经验与其他很多国家的经验大不相同，所以其他国家不能原样照搬我们的方式。不过，根据我们自身的经验，我们深信自由、民主的价值，当其他国家政府官员在本国给自由设置障碍时，我们会在道德层面上感到愤慨。美国的发展与其说是政府指导，不如说是私人企业给这个国家带来了现代化。正因如此，在我们为了其他国家的繁荣，规划美国应该做什么的时候，依然具有重要影响力。

美国不同于其他国家，没有提供覆盖全民的国民保险制度。现在，很多的普通劳动者认为为懒惰者提供福利并不是好的政策，特别是在不确定的政治经济状况下更是如此。

美国人为其教育制度自豪。不过，我们的学生掌握的知识比起日本、中国等国家的学生要少。教师认为每个孩子应该对自身能力自信，这是我们对学校教育的看法。针对孩子们为了获得基本信息而拼命学习的日本、中国的观念，美国人认为这会让孩子们觉得压力过大。美国教育中最优秀的是精英教育，这种教育培养了大量优秀的学生，这些学生往往就读于比较昂贵的、郊外的公立学校或私立学校。此外，美国教育还强调培养学生掌握获取信息的能力和分析事物的能力。美国享有盛誉的大学在世界上也拥有着最顶级学府的地位，从全世界不断吸引最有才能的年轻人。他们中的很多人留在了美国，在美国企业、大学、智库等做研发工作。大学从全世界选拔最优秀的人才，给美国带来巨大的优势，许多留学生或留在美国，或至少一直与从事高科技研发的美国组织保持联系。

我已经讲了我们对经济的担忧，对保持财政和贸易均衡能力的担忧，对金融制度安全性的担忧，对中国崛起的担忧，所有这些将成为新的社会、政治问题，容易成为美国民众反应的导火索。与其形成对照的是，名牌大学中的美国精英们更加关注世界范围的发展，许多人在全世界奔走，特别是去欧洲、中国，积极地抓住商机。许多学生、名牌大学的毕业生们强烈地想为解决世界性课题作出贡献。就像过去的传道士那样，他们愉快地去遥远的地方旅行，帮助贫穷的人们，努力投身到环保、防止全球气候变暖等课题中，为提高全球规模的福祉作出贡献。

未来的十年，美国为减少赤字，需要削减军费。总体而言，较之原来的十年，美国家庭收支方面对贷款将会更谨慎。即使这样，美国的很多企业、大学、智库还是很有活力。在最先进的科学技术领域中，美国依然具有主导地位，无论面对多么棘手的财政困难，都不可能大幅削减研发预算。

美国政府以及华盛顿周边的智库聚集了很多才华横溢的专家，他们习惯于用全球发展的尺度来思考问题。美国大学、智库以及政府职员，将与来自许多国家有才华的移民一道，继续运用我们渊博的知识基础和经验。即使美国经济衰退，这些还是应该能在国际舞台上继续发挥主要作用。不仅美国的政府官员，而且其他很多国家的政府职员，都认可奥巴马总统，只要有他所代表的支持者和国家，美国在与其他国家合作方面就依然可以发挥非常独特的作用。

2. 中国、日本、韩国的应对与课题

接下来，我来谈谈对中国的看法。1978 年以来，在改善民众生活方面，中国取得了令人震惊的进步，全世界对此印象深刻。20 世纪中叶的中国领导集体，当为了应对来自外部的威胁、需要进行巨大的社会变革时，却遇到多样困难。毋庸置疑，1978 年中国开始的改革开放，在世界历史中是伟大的传奇之一。

确实，中国的发展得益于多种因素：一是漫长的海岸线容易运输；二是 1978 年的时候，有 2500 万华人在海外，其中一部分人拥有资金、知识、企业经营经验以及报效祖国的意愿；三是庞大的人口吸引了外国

商人，他们为在巨大的中国市场中占有先机，甚至不问短期利益；四是中国有曾在海外学习的一群领导人，也有人在外国人创立的大学中受过教育。

1978 年以后，中国共产党带领中国人民开启实现国家现代化进程。党用强有力的组织和纪律，恢复了社会秩序。共产党人从革命精英变身为对改革开放充满热情的先行者，他们学习企业管理，不拘泥于意识形态，为推动国家发展做好了各种准备。

邓小平认识到，在这个巨大的国家中不可能使所有人立即致富。他认可"让一部分人先富起来"，使得今天沿海地区的 3 亿人口比 30 年前富裕了很多。困难是有的，但是必须要做的事是，帮助中国大部分地区的人们发展，分享沿海地区的改革成果。中国领导人鼓励最优秀的学生去海外求学，学成后把知识、科学和技术带回国。

随着沿海地区房地产价格高涨，许多工厂把常规生产转移到土地价格和人工费用相对便宜的中国内陆地区，促进了追赶沿海地区的内陆经济的发展。就像 20 世纪 70 年代田中角荣说的那样，中国人不仅要发展东部沿海地区，也要把中国的现代化建设拓展到内陆地区。在 20 世纪 50 年代开始的 30 年间，日本进行了覆盖全国的铁路和干线公路的基础设施建设。中国也在以迅猛的速度变化，但是修建主要的干线公路、铁路所需资金要花数十年筹集。截至 20 世纪 80 年代，日本公路、铁路、电力等基础设施才覆盖了整个国土。不过，中国的经济在持续发展中，新的公路、铁路的投资至少在今后 20 年间，可以带来相应的收益。

像 20 世纪八九十年代到海外的很多中国人回国参与国家建设一样，从内地去沿海地区接受良好教育、就业的很多中国人现在为了建设家乡逐渐地回到了内地。1978 年，80% 的人口居住在农村，但是现在农村人口不过 50% 左右。约 3 亿人在这 30 年从农民变成了城市居民。这种变化，随着电视、互联网、手机的普及，把中国变成了比 30 年前更加紧密地与外部世界联系起来的社会。

中国和其他国家一样，从国内和海外的观点来分析各种问题，建立了帮助党和政府的智库。它拥有专业的专家团队，而不是官员，专家们的工作是为领导们分析、把握他们所关心的重要事件的发展。智库的专家比政府官员活动更自由。在中国，有些机构担负着不同于官员的责任，有些机构从更基层的组织中选拔出业绩出色的人。

中国经济规模巨大，所以比起日本、韩国来，中国经济可以保持长期、高速的增长。20 世纪 80 年代，日本因劳动力不足而工资上涨，日本企业在国际市场中已经不可能在生产劳动密集型产品中胜出。但是，中国有数亿农业人口，这使得中国不仅可以长期生产劳动密集型产品，同时还可以在沿海地区实现制造业向高新技术产业的转型。中国的重工业转移已经完成。20 世纪 80 年代初期，中国政策的制定者们还在讨论到 1985 年能否实现 6000 万吨的钢铁产量，现在中国可以生产近 6 亿吨钢。

巨大的经济规模提高了中国在世界中的存在感。东亚以及东南亚各国除越南外，几乎对中国贸易都比其他国家多。美国通过来到美国的移民与各国发生联系，移民操着外语，掌握各种知识，在美国以外的各国建立私人关系；而中国则通过移居到海外的华侨，还有在海外生活、和中国维系纽带关系的数千万华人与世界相连。

这两年间，其他各国都深陷经济下滑的烦恼中。为了维持比西欧各国更高的经济发展态势，中国迅速采取了巨额资金的经济刺激政策。在经济发展的现阶段，这对中国来说比较容易，因为在经济开发滞后的地区建设公路、铁路、电力网会促进经济发展，但也带来泡沫经济的风险。

现在，我与比我更了解日本经济的日本读者对话，主要是从局外人的立场谈谈我的印象。众所周知，日本现在正在构建两党制，刚登上权力之位的民主党治国经验不足。他们与官僚体制划清界限，主张更独立于美国，与亚洲各国建立紧密关系。

新政权拒绝了自民党自 1955 年以来的体制，这个体制主张高速发展、提高生活水平、完善医疗制度、提高教育水平等，曾经获得多项成功，而今被拒绝是因为它已经不能像以前那样发挥作用了。拥有强大社会凝聚力的地方村落共同体，已经不具备共同体的统一性。人们根据从电视、报纸中得到的见闻来投票，传统支持团队的影响力在下降。地方的候选人们发展地方经济的心气在变淡，开始关心整个国家的问题。20世纪五六十年代，思考发展方略的，是具有创造力的官僚们，到了今天，比起让国家发展顺应时代这些事情，官僚们考虑更多的是如何维持自身的管辖范围和退休后的出路。20世纪50年代，热心于发现强有力的领导人、承担更重大责任的自民党也好几年没能够高效挖掘、培养有国家领导力才能的领导人了。

无法基于稳固的领导力明确指明国家发展方向，日本变得越来越"内向"，到海外留学的年轻人也在减少。对很多人来说，在日本的生活令人心情舒畅，教育水平高，生活舒适。此时，民主党迎来了挑战机会，并构建更加适应日本现实需求的新体制。失去政权的自民党在离开权位的这段时间，也有机会构建适应新时代的社会系统。新自民党或许会提倡小政府，提倡在经济合作与发展组织中削减巨额赤字。较之传统上依靠当地选区的各团体实现重建，新自民党选择发挥电视的影响力使具有说服力的政策得以获得通过，来完成重建的可能性更大。

但是所有政党都要面对少子高龄化问题，结果都是不得不接受更多的年轻移民、延长退休年龄、提高社会保险领取年龄。

随着中国科技水平的提高，日本将失去在亚洲高新技术方面的统治地位。当然，日本依然保持着强有力的技术创新能力，它的品质管理依然是世界上最顶尖的。日本为在中国组装的产品提供高科技基础零部件，它在这方面的重要作用很有可能继续发挥。日本实业界必须为保持住在特定高科技领域的领先地位而努力。

韩国在东亚，是积极活跃着的四个成员中最小的一个，同时也是四个成员中最具世界主义者色彩的国家。韩国夹在中国和日本之间，作为比两国都小的国家，还有曾被日本殖民的历史。韩国为了接受更先进的教育培训，在同等规模国家中是向海外派遣留学生最多的国家。韩国现在的政府拥有强有力的领导力，保持强势立场。

创建中国、日本、韩国自由贸易区的努力会遇到种种困难。但是，一般而言，长期致力于消除贸易壁垒，将会给三国带来利益。从长远来看，较之世界其他地区，中国更多从东亚大量进口，所以与中国市场的巨大牵引作用相比，贸易流程的差异都是小问题。美国有政府职员承认，与同一地区的不同国家合作是自然而可取的。作为世界主义者的美国领导人应同日中韩三国政府及实业界的领袖们继续合作，探索更多合作方式。未来的几年间，美国经济的艰难调整还将继续，美国人会发泄该美国人做的工作被东亚人接管这种不满，这需要政治家们帮助他们实现改变现状的想法。

全球化在加剧，世界各地都存在需要调整解决的严峻问题。东亚区域一体化进程对解决问题会有积极的作用，但是，富有想象力的领导人必不可少，在调整解决问题时，他们将发挥缓冲作用。解决这些难题，需要人们彼此深入地理解各国政治家、政府官员、企业家以及学者的担忧。

本次会议旨在推动深入的相互理解，我再一次向大会、其他参会者、主办者表示敬意。

（英文翻译：杉本孝）

071
第二部分
东亚市场一体化现状及发展的课题

第 二 章　日中韩领导人交流

大河原良雄

1．在本国召开日中韩三国领导人会议

此刻，我们一提到太宰府，脑海中就会浮现出钟爱梅花的菅原道真公和天满宫的形象。2009年5月，由纽约亚洲协会主办的威廉斯堡（Williamsburg）会议在福冈举行。福冈县知事麻生先生为欢迎参会者，在该县太宰府市的国立博物馆举行了招待会。出席此次会议，我强烈地意识到，太宰府市将会产生不同以往的历史意义。

2008年12月，第一届日中韩三国领导人会议在该博物馆举行。虽然此前希望召开东北亚主要国家领导人会议的呼声很高，但是三国因为各种原因一直没能实现。

最初，1999年在马尼拉召开东盟首脑会议时，在日本首相小渊惠三的倡议下，日中韩三国领导人在酒店以早餐会的形式举行了一次会议，以此为契机，领导人会议此后一直以早餐会的形式召开。

从第四届会议开始，三国领导人单独举行会议。这次，在麻生太郎的牵头下，中国的温家宝总理、韩国的李明博总统在太宰府市开会。很有意思的是，中国、韩国的两位领导人乘坐专机抵达后访问了一天太宰府市。福冈有"亚洲出入口"的美誉，毫无疑问，按照旅程的安排来到这里，提示各位亚洲近邻在地理上的接近性很有意思。

2007年，李明博接替卢武铉任韩国总统。上任后，李明博积极致力于推进日韩关系和改善东亚首脑外交。在小泉纯一郎的政府下，围绕参拜靖国神社问题，日中关系出现了最坏的状况。2007年安倍晋三首相访华，日中关系作为"战略性互惠关系"发展起来。2008年5月，中国国家主席胡锦涛访日，同年7月再度来日参加洞爷湖峰会。以回访的形

式，8 月福田康夫首相访华，出席北京夏季奥运会开幕式。近年来，三
国领导人间往来活跃，令人瞩目。

2. 东亚区域合作进程

（1）如前所述，冷战后欧盟成立、北美大陆签署北美自由贸易协定
等在其他地区出现的政治经济合作触发了一体化潮流，亚洲提出了"亚
洲人的亚洲"的口号，加速了希望实现区域内政治稳定和经济进一步发
展的进程。但在那时，要实现目标，美国以某种形式"参与"是必不可
少的，可以说这是地区内共识。至于具体的有效路径，以何种方略形成
等，区域合作在找不到方向的情况下被推进着。

以往的区域内合作，像成立 40 多年的东盟，近年来被证明它促
使了经济显著增长，重要性不断增加，谈到对成立若干区域组织的影
响，仍有"东盟坐在驾驶席"的评价。从国防安全的观点来看，朝鲜
半岛局势扑朔迷离，增进日中韩三国紧密合作关系不仅对东北亚，而
且对亚洲整体来讲都有不可或缺的重要性；不仅对朝鲜半岛，而且对
这一区域整体的安全和经济、环境领域的合作及繁荣具有深远的影
响。以下综述是近年来东亚区域内合作的进程，以确认在这一进程中
东北亚区域日中韩三国合作的意义。

（2）回顾亚洲区域合作的足迹。东南亚国家联盟于 1967 年 8 月成
立，到召开第一届首脑会议经过了近 10 年的时间，直到 1976 年 2 月在
印度尼西亚巴厘岛召开。1977 年 8 月，第一届日本—东盟首脑会议在
马来西亚吉隆坡召开。民间层次的太平洋经济合作理事会（PECC）于
1981 年在澳大利亚堪培拉召开，政府层次的 APEC 于 1989 年 11 月在
堪培拉成立。1993 年，APEC 在美国总统克林顿的召集下，于西雅图
召开了第一届领导人非正式会议。回应克林顿总统召开领导人会议的提
议，中国国家主席江泽民出席，这是中国最高领导人首次出席区域合作
的多边会议，备受关注。

顺承第一次会议的期待，APEC 第二次领导人非正式会议在印度

尼西亚茂物召开，会议通过了确立区域贸易自由化目标的《茂物宣言》。在第三次（大阪）、第四次（马尼拉）会议上，有国家批评指出，APEC 变成了美国强势贸易自由政策施压的场所。于是，因东盟成员国的不满，APEC 活动相对进入了低调状态。

APEC 再度受到关注，是因为亚洲开始积极讨论东亚共同体构想。形成东亚共同体是长期目标。随着这种势头的增长，在地理位置上难以属于东亚的美国参与方式成了一个问题。东亚共同体基本上是以经济合作为主体的多边机制，在逐渐触及具体事务后，美国对把美国排除在外的趋势加强了戒备心理。从这个意义上，以亚洲、整个太平洋为对象的 APEC 对美国来说是个合适的区域性组织。

APEC 在 1993 年召开领导人非正式会议后，开始发挥重要的政治职能。例如，2001 年美国遭到"9·11"恐怖袭击后，同年 11 月在 APEC 领导人非正式会议上，就恐怖主义对策成为一项重要的讨论议题，由此可以看到，APEC 并不局限在贸易、金融等经济问题，议题涉及广泛。

当前需要思考的是如何调动 APEC 的活力。2010 年 11 月，日本在横滨主办了 APEC 领导人非正式会议，作为轮值主席国的日本为强化 APEC 作用，希望建立新的组织结构。值得注意的是，2011 年的 APEC 领导人非正式会议由美国主办，并决定 2012 年由俄罗斯主办。通过 2010 年开始的三次会议，APEC 注入了新的生命力，以此为目的展开活动的倾向十分明显。可以说，大声宣称自己是亚太国家的俄罗斯，面对形成东亚共同体，也在认真思考应该如何应对新形势。

（3）需要注意到在亚洲区域合作中还有其他的方式。首先让人想起的是马来西亚总理马哈蒂尔倡导的东亚经济集团（EAEG，后在美国强烈的反对声中，于 1992 年更名为东亚经济论坛，简称"EAEC"，又译东亚经济共同体）。1991 年 11 月美国国务卿贝克访日时表示，"EAEC 是在太平洋上画出一条线，分裂日美的构想，绝对不能认同"。于是，日本接受了美国的反对立场，也采取了谨慎态度。东盟内部对此进行了多次慎重讨论，未见具体进展。

1997 年 1 月，桥本龙太郎首相访问文莱、马来西亚、印度尼西亚、越南和新加坡，他在上述各国提议日本与东盟领导人定期召开领导人会议。东盟内部讨论了这一提议，结果是如果东盟只和日本召开峰会的话，担心中国会有反应。1997 年 12 月，东盟除与日中韩，还在其他场合以东盟与日本、东盟与中国的形式召开了领导人会议。如前所述，美国随后表明了强烈反对马哈蒂尔总理 EAEC 构想的立场。

（4）在 EAEC 构想碰壁的过程中，欧盟早在 20 世纪 90 年代前半期亚洲经济爆发式增长之前，就迫切感到有必要施行新的"亚洲战略"，1994 年 7 月欧盟提出"新亚洲战略"。1995 年 3 月举行的东盟常务委员会会议决定了于 1996 年 2—4 月在泰国召开首次亚欧首脑会议（ASEM）的基本方针。亚洲方面的参会国是东盟六国以及 1995 年 7 月加入东盟的越南、日本、中国、韩国共十个国家。在这段时间，日本始终希望澳大利亚、新西兰参加，但是被以"不共有亚洲价值"的理由遭到反对。经过种种交涉和协作，最终的结果是，EAEC 设想的国家成为参会国。

（5）1997 年 7 月从泰国开始的金融危机对区域经济造成深刻影响，印度尼西亚、韩国的经济极为混乱。因此，东盟决定邀请日中韩三国领导人一起参加为纪念东盟成立 30 周年召开的东盟领导人非正式会议。1997 年 12 月在吉隆坡召开了"东盟＋3"领导人会议，共同商讨紧急应对金融危机的措施。会上，日本提出创设亚洲货币基金（AMF），但是遭到美国的反对，这个构想未见天日。然而，对遭遇空前严重危机的亚洲经济，美国、国际货币基金组织（IMF）没有采取任何方式施予援手，亚洲各国倍感失望。由此，不再依靠区域外国家，区域内各国团结一致、共同应对的意向高涨，提出了"亚洲要靠亚洲人之手"的口号。《清迈倡议》提出建立金融合作体制，只是一个范例（中国也是参加国）。

（6）1998 年，亚洲金融危机不仅没有结束，而且对各国政治、社会的影响还在扩大。比如，1997 年 11 月泰国政变，1998 年 5 月统治印度尼西亚多年的苏哈托辞职，韩国金大中总统进行经济改革等，各国发生了动荡。

1998 年 12 月，"东盟 + 3"领导人会议在越南河内举行，日本首相小渊惠三、中国国家副主席胡锦涛、韩国总统金大中出席。小渊首相在会上提出了总额达 300 亿美元的"新宫泽构想"。1999 年 11 月在马尼拉召开的东盟与日中韩领导人会议上，通过了《东亚合作联合声明》（以下简称《声明》）。该《声明》指出，努力在经济一体化、政治、国家安全领域加强合作。

（7）关于区域内合作，在 1999 年 11 月举行的"东盟 + 3"领导人会议上，韩国总统金大中提议，民间有识之士组成东亚研究小组（EASG）进行自由贸易、投资以及东亚峰会等课题研究，会议就此达成了一致意见。东亚研究小组于 2001 年 11 月提交报告，得出的明确结论是："东盟 + 3"的框架是东亚峰会实现长期目标、推动东亚合作进程的最好方案。

东亚研究小组报告发布后，从 2001 年到 2004 年在东亚峰会的相关各国之间，展开了艰难的谈判。马来西亚提议第一届东亚峰会在吉隆坡召开，日本提出与马来西亚一道同为轮值主席国。中国希望第二届峰会在北京举行，2007 年东盟轮值主席国菲律宾对此极力反对，担心会对自己主办的东盟领导人会议产生影响。各方最终商定，2005 年 12 月，马来西亚为主办国，加上"东盟 + 3"、印度、澳大利亚和新西兰，共计 16 个国家参会。印度等三国之所以能够参会，可以说是得到了印度尼西亚和新加坡的支持，特别是日本对推进此事影响很大。第一届峰会后发表的《吉隆坡宣言》提出了东亚领导人会议对该地区形成共同体从而发挥重要作用的看法。

东亚峰会的第二届会议当初定于 2006 年 11 月召开，由于受台风影响，延期至 2007 年 1 月在菲律宾宿务举行。第一届会议以后，各国出现了对立的意见，主要集中在是以日本为中心，以将来实现东亚共同体为目标搭建基础框架，还是以中国为中心，推进以"东盟 + 3"为轴的东亚峰会，当前两种势力并存。

（8）还有一个区域性组织就是东盟地区论坛。在 1993 年 7 月举行的东盟外长会议上，会议决定于 1994 年创立东盟地区论坛，这是一个由东盟主导的组织，在亚太地区讨论政治与安全问题。

东盟六国加上地区外的日本、美国、新西兰、加拿大、欧盟，作为嘉宾的中国、俄罗斯以及作为观察员的越南、巴布亚新几内亚一道参会，第一届东盟地区论坛会议于 1994 年 7 月在曼谷召开。东盟最大的目标是清除美国在亚洲的军事存在，把中国纳入多边论坛中来。此后，东盟地区论坛每年举行会议，在会议决策时，遵守全体一致同意且互不干涉内政的基本原则，以及同意采取培养相互间信任的措施。

在区域安全方面，由民间研究机构伦敦国际战略研究所（IISS）主办，每年 5 月底在新加坡举行"香格里拉对话"。自设立以来，"香格里拉对话"已经举办八届，参会者既有美国国防部长，也包括地区国家的国防部长及与国防相关的代表，与会者就地区安全形势展开对话。

3．中韩两国区域合作的动向

（1）中国在 1978 年开始实行改革开放政策，改革开放初期，把双边外交作为重点。领导人参加区域多边外交始于 1993 年国家主席江泽民应克林顿总统邀请，参加在西雅图召开的第一届 APEC 领导人非正式会议。之后，在很多区域领导人会议上出现了胡锦涛、朱镕基以及温家宝等领导人的身影。

东盟地区论坛是根据第 26 届东盟外长会议决定而设立的，1994 年第一届东盟地区论坛举行会议时，中国作为嘉宾参会。

1997 年亚洲金融风暴时，针对日本提出创设亚洲货币基金（AMF）的构想，中国赞同美国的反对意见。中国不只是配合东盟的倡议，而且在协调东亚各国的政策上表现出积极姿态，这些可以认为是外交多面性的展现。

（2）关于韩国，金大中总统时代曾经在"东盟＋3"领导人会议上提议设置东亚研究小组，韩国积极促进东亚区域合作，但是国内改革不尽如人意。卢武铉政府在对美外交关系上搞得比较紧张，在促进南北统一方面有些用力过猛，导致在丧失国内支持的情况下，把东亚整体作为对象推进地区合作方面热情不足。李明博总统就任后，对美外交关系处理极为圆满，与朝鲜对话也采取适度政策，外交活动十分活跃。虽然韩国与美国处于签署自由贸易协定的进程中，但是美国国会正在阻挠其获批准。与日本、中国签署自由贸易协定将是接下来的课题。

4．日中韩三国间的合作

（1）如前所述，第三次"东盟＋3"领导人会议于 1999 年 11 月在马尼拉举行，同时举行第一次日中韩三国领导人非正式会晤。从那时起到 2009 年，日中韩三国领导人会议每年召开一次。近期，日中韩三国领导人于 2008 年 12 月在太宰府市首次召开了不同于以往东盟首脑会议形式的会议。三国一致决定第二次会议于 2009 年 10 月在北京召开，组阁后不久的新首相鸠山由纪夫参加了会议。第三次会议预计 2010 年将在韩国举行。

2003 年 10 月的日中韩领导人会议通过了《日中韩推进三方合作联合宣言》，遵照这个文件，三国外交部部长成立委员会，并向年度领导人会议提交合作进展报告。三国间虽然存在困难的政治局面，但还是在推动探索合作关系，这些都受到了各方面的关注。

太宰府会议讨论了三国间合作问题，并对未来做出展望。此外，三国就国际金融、经济、区域合作等进行了广泛讨论，发表了多个联合声明。三国领导人在《三国伙伴关系联合声明》中指出，"三国有为本地区和国际社会创造和平、繁荣及可持续发展未来的共同愿望和责任"。"三国合作将本着公开、透明、互信、共利、尊重彼此文化差异的原则"，"以相互补充、相互促进的方式推进东盟与中日韩、东亚峰会、东盟地区论坛和亚太经合组织等更大范围的区域合作"。此外，三国还发表《国际金融和经济问题的联合声明》，表示将努力强化发展和扩大内需。

直到近年，三国间在物流、环境保护、气候变化、信息通信、金融、文化交流等领域，频繁进行部长级政策协商会议，在 2007 年 6 月的三国外长会议上还就有必要加强在能源领域的合作达成了一致意见。

（2）到目前为止，关于东亚区域合作，各方都有进行合作的需求，但是东盟、APEC、东盟地区论坛、"东盟 + 3"、东亚峰会这些区域合作组织都是以东盟为中心建立的框架，都是在东盟"坐在驾驶席"的位置上进行运作。鉴于最近十年的历程，日中韩表明东北亚独特性的举动非常明显，从以下几点中可以看到这其中的意义。毋庸置疑，评价现有区域组织各自的重要性、实用性，尊重彼此是大前提：

a．虽说同一个亚洲，但是东南亚和东北亚之间在政治经济两方面差异明显，在安全对策方面还需要用截然不同的视角来处理。

b．推动具体的、个别的合作时，把东北亚三国与东南亚分别对待，从功能上更容易调整操作。

c．在文化方面，东南亚和东北亚要保持相对更强的相似性。

d．在将来结成东亚共同体的努力进程中，组织结构可以发挥阶段性作用。

e．作为政治、经济、军事大国且繁荣昌盛的中国，和经济发达且对亚洲稳定和经济发展作出贡献的日本，应该作为同一个区域组织的成员国保持频繁的对话。

f．东盟内部的政治稳定和团结程度可以在发生特殊事件时被检验出来。

（3）在谈及日中韩三国合作议题时，我想阐述一下日美中的三国关系。最近，在分析日中关系好转的背景时，广为议论的是"日本、美国及中国三国关系在建造一个正三角形"。但是，在考虑日本对美同盟关系的牢固程度时，无论最近日中关系的好转多受欢迎，但是不得不说"日美、日中、美中是等边三角形，各边是长度相等，构成正三角形"的论调是非常不顾事实的谬论。我们应该以牢固的日美同盟关系作为基轴，来促进对华关系的健康发展。

（4）如前所述，我期待日中韩间领导人会议牵头，官民各层次通过密切的政府对话、人员往来、文化交流来推动三国合作。这不仅对东北亚和平与安全有所贡献，也有助于亚洲整体的繁荣与发展。我期待将日美同盟关系作为基轴，尊重"战略伙伴关系"的美韩同盟关系的同时，进一步发展与中国的战略互惠关系，巩固日中韩三国间的合作关系，展现亚洲在国际政治中巨大的存在感。

第 三 章 东亚区域一体化与日本的作用

浦田秀次郎

前言

进入 21 世纪，东亚区域一体化趋势活跃。区域一体化大多被分为两类，即着眼于原动力，把市场机制作为原动力的市场主导型区域一体化和建设区域制度的制度主导型区域一体化。前者被认为是"事实上"的一体化，后者则是"法律或制度上"的一体化。东亚从 20 世纪 80 年代后期开始，区域内的贸易、直接投资逐渐活跃起来。东亚各国贸易、直接投资的自由化政策对扩大贸易、直接投资做出了巨大贡献。东亚各国贸易、投资政策的自由化也成功地吸引来拥有先进技术、生产网络、出口导向性很强的日本、欧美等跨国公司。跨国公司有效利用处于不同发展阶段的东亚各国在薪资、人才上的质的不同，参与到东亚各国建设地区生产网络中去。地区生产网络的形成使地区内零部件贸易活跃，提高了地区贸易依存度，推动了区域一体化。东亚各国相互供应零部件，在人工成本低廉的国家组装成最终产品，再把最终产品出口到欧美地区，通过这种形式实现了经济发展，东亚成了世界工厂。东亚区域一体化如上所述，以贸易、投资政策为中心的经济政策自由化来活跃市场职能，向前发展，所以被称为"市场主导型"。

从 20 世纪 90 年代后半期开始，政策主导型要素逐渐增强。其背景是世界范围内制度主导型区域一体化的最重要形式——自由贸易协定频现。东亚在 1997 年、1998 年应对货币、金融危机时，认识到了区域合作的必要性，这也提高了人们对建构区域制度的关心。此外，2008 年，以雷曼冲击为发端，为了应对由美国开始的国际金融危机，人们更加认识到有必要从原来的高度依赖欧美的经济结构向依托地区内的经济结构做调整，加速了推动制度主导型区域一体化。通过这些讨论，首先建立东亚自由贸易区，其次建立东亚经济共同体，最后到发展成为东亚共同体的构想被采纳。实际上，执政 54 年的日本自民党政权于 2009 年画上了句号，执掌新政权的民主党鸠山首相就任后在联合国演讲等场合强调创立东亚共同体的必要性，备受各方瞩目。

在上述背景下，本稿以自由贸易协定为焦点，分析东亚区域一体化的动向、背景、影响以及今后的发展。在分析中，特别关注了日本的位置和作用。下面，我将在第一节中阐述在理解东亚自由贸易区动向时，放在世界范围内看自由贸易区的重要性，第二节探讨自由贸易区激增的原因，第三节分析东亚自由贸易区，第四节阐述东亚自由贸易区的优势和课题，最后是总结结论。

1．世界范围内看自由贸易区的重要性

进入 20 世纪 90 年代，区域贸易协定（RTA）数量大增。从 1948 年到 1990 年，关贸总协定报告中显示的区域贸易协定数量是 30 个。[①] 但是，从 1990 年开始到 1995 年世界贸易组织成立的五年间，区域贸易协定数量增加到 79 个。此后，其增加的势头更猛，2000 年达到 155 个，到 2010 年 3 月 2 日达到 210 个。[②] 区域贸易协定违背了关税及贸易总协定、世界贸易组织的基本原则之一，即不能差别对待加盟成员的最惠国待遇，但是可以在一定条件下得到认可。认识到这一点，就能理解在为改善关贸总协定的贸易体系而设立的世界贸易组织中，区域贸易协定迅速增加的事实颇具讽刺意味。近年来增加的自由贸易区有以下三个特征：

第一个特征是自由贸易协定的加盟国在增加。欧洲联盟是扩大的自由贸易协定的典型。欧盟起源于由六个加盟国设立的欧洲煤钢共同体。

①在关贸总协定和世贸组织中，区域贸易协定作为区域一体化的相关制度被认可，区域贸易协定中包含自由贸易区和关税同盟。近年来，区域贸易协定中许多都是自由贸易协定，特别是东亚的区域贸易区就是自由贸易区。本章中，除非特别说明，自由贸易协定即区域贸易协定。
② WTO 网站。

随后加盟国不断增加，到现在共有 27 个成员国。另外，美洲大陆提出一个构想，即建立由美国、加拿大、墨西哥签署的北美自由贸易协定，加上南美四国构成包括南方共同市场等在内的北美、中南美以及美洲的自由贸易区（FTAA）。2001 年美洲各国开始谈判，但是起核心作用的美国和巴西之间意见对立，2003 年谈判中断。亚洲的东盟自由贸易区（AFTA），加盟国在 1992 年开始时是 6 个，后来随着东盟的扩大增加到 10 个国家。

第二个特征是深化。其典型事例仍是欧盟。欧盟从关税同盟开始，深化了劳动力、资本在加盟国中的自由移动，各种共同政策的适用，以及采用单一货币发展阶段的高度经济一体化。欧盟实现这样的深化花费了 40 多年的时间，进入 20 世纪 90 年代后更加迅速深化共同市场和经济一体化。在一体化程度平稳的自由贸易区中，欧盟不仅消除了传统的贸易壁垒，而且出台了不少深化服务贸易自由化、投资自由化、灵活化以及解决争端等决议。自由贸易区把这样的一揽子性质的自由贸易协定，称为"经济合作协定"（EPA）、"区域全面经济伙伴关系协定"（RCEP）等。

第三个特征是在地理上并不接近的国家间协议在增加。原来的自由贸易协定像欧盟、北美自由贸易协定，地理上是近邻的国家成为加盟国。但是，近年来，智利与加拿大、新加坡与新西兰、日本与墨西哥、韩国与智利等地理距离比较远的国家间都结成了自由贸易区。与这种动向有关，自由贸易区间的联系很活跃。典型的例子是，欧盟和北美自由贸易协定的加盟国墨西哥签署了自由贸易协定。与墨西哥一样，智利、新加坡加入了几个国家间的自由贸易区，这显示了自由贸易区间的合作。其中，美国在 2006 年提议 APEC 的加盟成员结成亚太自由贸易区（FTAAP）。关于亚太自贸区在后面的章节中还会提到，这是由 APEC 的一部分成员结成的贸易自由化程度更高的自由贸易区。[①]

---

① 2006 年，文莱、智利、新西兰、新加坡四国建立了被称为"P4"的自由贸易区。P4 后来更名为"跨太平洋伙伴关系协定"（TPP）。

2．自由贸易区激增的原因

近年来，自由贸易区激增的背景有国内和国外的因素，而且经济、政治、国家安全等多种因素复杂地交织在一起。国外因素的主要动机是，通过消除加盟国的贸易壁垒来保护本国市场，就是说获得出口和直接投资机会。保护市场、增加出口机会特别是对小国的企业来说非常重要。例如，加入北美自贸区保证了加拿大和墨西哥企业能够进入美国市场，这对企业来说十分重要。东欧、中欧各国企业，通过加入欧盟可以进入欧盟市场。保全市场是加入自由贸易区的动机，伴随着自由贸易区的增加并扩大，它的重要性还在增加。之所以这么说，是因为自由贸易区不断增加，被自由贸易区排除在外导致一些国家或地区丧失市场的问题变得严峻起来。这种问题可以通过加入自由贸易区规避。欧盟与墨西哥的自由贸易区生效以来，在墨西哥和北美市场中，相对欧洲企业，日本企业处于不利的境地。日本企业深刻地认识到这一点，因此强烈要求结成日本和墨西哥（日墨）自由贸易区。日本政府发挥作用，日墨终于签署了自由贸易协定。还有，后面要讲到的中国和东盟结成自由贸易区后，带来的效果是，瞄准出口东盟市场的日本企业、韩国企业也分别要求本国政府签署与东盟的自由贸易协定。

国内的原因，主要是市场开放加剧了竞争压力，由此而来的是提高经济效益、促进经济发展的机会。20世纪70年代以来，英国、美国等发达国家率先开放市场，东亚各国的政策制定者们也普遍认识到，贸易投资自由化、放宽或撤销国内的政策限制等措施能够带来经济迅速发展。竞争加剧使低效企业不得不退出市场，而具有潜力的企业脱颖而出，这种压力使资源利用更加有效，促进了经济发展。基于这种认识，世界各国纷纷进行了规制改革，推动了贸易、投资自由化。由于国内政治原因导致实现市场自由化困难重重的情况不少。一些政治家（政治势力）支持因遭到自由化利益受到损害的集团，所以他们反对自由化，损害自由化发展。于是，有些国家考虑使用自由贸易协定这一"外部压力"来推动管制措施的改革。

设立自由贸易区的动机是保全海外市场，促进国内规制改革，达到这些目的不只通过自由贸易协定来实现，在通过 WTO 下的多边贸易自由化也可以实现。但现实情况是，各国不选择 WTO 而选择自由贸易协定的理由有以下几点：一个理由是，较之 WTO 下的贸易自由化，自由贸易协定的谈判短期内可以达成一致意见，具有速度上的优势。关贸总协定最后的多边贸易谈判"乌拉圭回合"当初计划在四年内结束，实际上却持续了两倍，用了八年的时间。谈判旷日持久的一个原因是谈判项目很多，不仅这样，随着谈判国家数量的增加，也带来很多影响。1995 年设立 WTO 以来，虽然主张有必要开始新回合，但是新回合（多哈开发项目）却在六年后的 2001 年才开始。新回合即使开始了，但是在现阶段，新回合没有实质性进展。由此可见，加盟成员超过 150 个国家和地区的 WTO，谈判要想达成一致意见并不容易。

不选择 WTO 下的多边自由化而选择自由贸易协定的另一个重要理由是与参加国家和地区少有关，虽然认识到规则的重要性，但是 WTO 中还存在没有规则约束的领域，自由贸易协定则可以弥补、制定这些领域的规则。关贸总协定下的国际经济活动规则只限于货物贸易。因此，WTO 中制定了服务贸易、投资、知识产权等相关规则。这是巨大的成果，不少国家希望出台更多高质量的规则。WTO 中没有规则的领域依然不少，如环境、劳动标准、电子商务等。在新规则的制定中，日本最关心的是完善投资规则。

WTO 中的多边贸易自由化进展迟缓，不满于 WTO 规则限定范围的 WTO 加盟成员选择了在想法一致的国家或地区，建立两国间、多国间的自由贸易区。实际上，很多自由贸易协定谈判都是由于参加的国家和地区少，在短期内就能签署协议。例如，日本与新加坡的自由贸易谈判只用了大约十个月的时间。此外，还有很多自由贸易协定在直接投资、环境等新领域制定了规则。在日本签署的自由贸易协议中，多数是直接投资自由化、贸易自由化以及直接投资灵活化、经济和技术合作等 WTO 没有规范化的领域。

3．分析东亚自由贸易区

作为东亚自由贸易协定枢纽的东盟

东亚各国并非都对自由贸易区持如此积极的态度。事实上，到 2002 年 11 月日本与新加坡签署自由贸易协定为止，东盟自由贸易区（AFTA）是日本唯一的、主要的自由贸易协定。东盟自由贸易区于 1992 年成立，由文莱、印度尼西亚、马来西亚、菲律宾、新加坡、泰国六国构成。20 世纪 90 年代后半期，越南、缅甸、柬埔寨、老挝也加入进来，成为现在的十个加盟国。东盟自由贸易区在正式启动后，分阶段地促进了贸易自由化，第一批加盟的六个国家在 2010 年废除了关税，后加盟的国家在 2015 年废除关税。[①] 东盟各国对东盟自由贸易区的设立背景有一种看法，他们认为在中国经济崛起的形势下，为了吸引外商直接投资，提高东盟各国企业的竞争力，在通过市场一体化形成更大市场的同时，鼓励进一步竞争十分重要。

东盟自由贸易区不只降低了关税，与世界其他地区相比，还实现了经济迅速增长。东盟地区区内贸易和其他地区相比大幅增加。例如，东盟自由贸易区区域内贸易占全世界贸易额的比例，从 1995 年的 1.4% 提高到 2008 年的 1.6%。东盟自由贸易区地区内进口占总进口额比例从 22% 增到 28%，出口比例从 23% 增到 25%。[②] 在东盟自由贸易区中，由于例外品目很多，所以从手续问题到利用特惠关税制度都有难度，但是这种情况已经有了相当大的改变。其结果是，利用东盟自由贸易区开展贸易活动在东盟各国间的贸易占比上升。例如，泰国在与其他东盟国家进行贸易时，利用特惠关税制度的贸易占比从 2002 年的 10.8% 提高到

---

① AFTA などアジアを初め世界地域の FTA については、浦田・日本研究センター編（2004）、浦田他（2007）を参照。

②日本貿易振興会（JETRO）の貿易データによる。

2005 年的 21.5%。[①]

东盟不仅推动实现了货物贸易自由化的东盟自由贸易区，也推进了服务贸易自由化、直接投资自由化，构建了制度性框架。为实现维护和平、促进经济繁荣、协调社会发展的目的，东盟共同体于 2015 年成立。东盟共同体由政治共同体、经济共同体、社会文化共同体构成，各国为设立各领域共同体而制定课题，并为解决课题、实现目标而制订计划。构建经济共同体的目的是加快成长、实现经济繁荣、缩小发展差距等，为达到这一目的，经济部部长、财政部部长、运输部部长等与经济相关的部长要举行会谈，通过这些会谈，为实现经济共同体而努力。

东盟也与地区外的国家积极建立自由贸易区。例如，东盟与中国、韩国、日本、印度、澳大利亚、新西兰的自由贸易区已经生效，与欧盟正在进行自由贸易区谈判，虽然与美国没有建立自由贸易区的动向，但是美国与东盟在 2009 年签署了《东南亚友好合作条约》（TAC），密切了双方关系。包括东亚在内的自由贸易协定构想将在后面讲到，东盟在其中起到枢纽的作用。东盟加盟国中，推进各自自由贸易区的国家很多。其中，新加坡特别积极，其背景是因为在进口关税方面，除去一部分的农产品，全部商品实行零关税，本国市场没有什么必要再开放了，而贸易立国需要扩大出口来促进经济发展，因此新加坡的目的是让对方市场开放。

障碍重重的日中韩自由贸易区

与位于东南亚的东盟相比，东北亚的日本、中国、韩国对自由贸易区的态度并不积极，直到进入 21 世纪后，这些国家才开始变得十分关心起来。日本在 20 世纪 90 年代末以前，把关贸总协定和 WTO 的多边贸易自由化框架作为中心来推动贸易自由化，其立场是反对自由

---

①浦田他 [2007] を参照。

贸易区。由于 WTO 的谈判没有进展，在世界各地自由贸易区激增的情况下，日本也开始建立自由贸易区。20 世纪 90 年代末，墨西哥、韩国、新加坡等国向日本提议建立自由贸易区。日本为了应对这种形势，开始自由贸易协定谈判。2002 年 11 月，日本与新加坡签署的第一个自由贸易协定（正式名称叫作《经济合作协定》，Economic Partnership Agreement，EPA，又译"经济伙伴关系协定"）生效，与墨西哥、马来西亚、智利、泰国、印度尼西亚、文莱、东盟、菲律宾、瑞士、越南签署的《经济合作协定》也相继生效，随后展开与韩国（谈判中断）、海湾阿拉伯国家合作委员会（Gulf Cooperation Council，GCC）各国、印度、澳大利亚、秘鲁的谈判。

在日本生效的自由贸易协定中，很多不只是贸易自由化，还包括贸易灵活化、直接投资的自由化与灵活化以及经济合作等一揽子内容。在贸易自由化方面，与其他发达国家相比，即使排除很多农业部门，日本规定的自由贸易商品占全部商品的比率也还是比较低。问卷调查的结果表明，在日本与签署自由贸易协定的各国进行贸易时，利用自由贸易协定中优惠税率的贸易比例——自由贸易协定利用率，尚有 20%—30% 没有有效利用。[1] 这些课题，需要在今后的研讨中再次讨论。

日本以东亚发展中国家为中心推动自由贸易区，除了出口到对方市场，推动国内结构改革，还有对东亚发展中国家实行经济援助的动机。运用 WTO 的贸易自由化可以实现出口、国内结构改革，鉴于前面提到的 WTO 自由化谈判进展迟缓的现状，可以认为自由贸易协定、日欧《经济伙伴关系协定》正在发挥补充 WTO 的作用。之所以通过自由贸易协定、日欧《经济伙伴关系协定》来援助发展中国家，是因为如果促进了东亚发展中国家的经济发展，不仅能够实现东亚的经济繁荣，还可以实现政治、经济稳定，从而给日本经济、社会发展带来益处。自由贸易协定、日欧《经济伙伴关系协定》的签署不仅有经济意

---

①据日本经济产业研究所（RIETI）2008 年所作调查，日本企业对墨西哥、马来西亚、智利的自由贸易协定利用率分别为 32.9%、23.2%、23.7%。

图，而且其出发点也是从政治、社会方面考虑的，具有强化友好关系的非经济意图。

韩国比日本更早开始关心自由贸易协定。自 1999 年韩国与智利开始谈判以来，经过三年时间于 2002 年 10 月两国签署协定。从签署协定到获得韩国国会批准，又花了一年多的时间。与智利的自由贸易协定生效花费了较长时间，是因为农民强烈反对，他们担心从智利进口农产品带来的冲击，最终政府给予农民资金及其他形式的补贴。2004 年年底，韩国外交通商部设立了自由贸易协定局，积极推行自由贸易协定战略。现在，韩国与智利、新加坡、欧洲自由贸易联盟（European Free Trade Association，EFTA）、东盟、印度的自由贸易协定已经生效，正在与美国和欧盟商签自由贸易协定，与加拿大、墨西哥、澳大利亚、新西兰、秘鲁、哥伦比亚的自由贸易协定也在推进中。韩国自由贸易协定的特征是，反映其经济对出口依赖程度高，确保出口市场的意图明显。因此，韩国正在积极地与重要出口市场美国和欧盟签署自由贸易协定。

中国一直致力于多边贸易自由化，于 2001 年加入 WTO。加入 WTO 对中国来说，有可能确保稳定的出口市场，但是在 WTO 中的贸易自由化有待加强。在世界范围内自由贸易区激增的情况下，中国更加关注自由贸易协定。截至 2009 年，中国与东盟、智利、巴基斯坦、新西兰、新加坡、秘鲁签订了自由贸易协定，与南部非洲关税同盟（Southern African Customs Union，SACU）、海湾阿拉伯国家合作委员会、澳大利亚、冰岛、哥斯达黎加、挪威正在进行谈判。

中国的自由贸易协定战略不仅有利于中国企业获得出口市场、一体化直接投资环境、实现中国经济发展的资源保障等经济要素，也有建构友好的政治、外交关系等非经济性因素。各种意图交织的典型例子就是与东盟签署自由贸易协定。东盟各国是中国的近邻，资源丰富，被预测将实现经济迅速发展，所以对中国以及中国企业来说是非常重要的地区。中国认识到与东盟的关系极其重要，早在加入 WTO 之前的 2000 年就提议与之建立自由贸易区。在提案中，中国对与东盟建立紧密关系表示了极大关注，包括首先推进对东盟来说利益明显的农产品自由化，实行"早期收获计划"，并与东盟新成员国进行经济合作。中国与东盟的自由贸易协定谈判开始后，带来了日本、韩国紧随其后谈判自由贸易协定的效果。特别是，日本一直以来对东盟各国进行了大量投资，提供了大额援助，却落到被中国反超的境地。于是，日本马上向东盟提出自由贸易区的方案。对东盟来说，它收到了来自中国、日本、韩国，还有印度、澳大利亚、新西兰、欧盟建立自由贸易区的提议，从而在构建东亚自由贸易区中得到了成为掌舵人的机会。

日中韩自由贸易协定，是朱镕基总理（时任）在 2002 年以非正式形式向日韩领导人提出的。但是，日本没有接受这一提案，理由是中国作为 WTO 的新成员是否能够严守 WTO 规则有待检验。今天看来，日本拒绝还有另外一个理由，即与中国签署自由贸易协定，担心日本农业、劳动密集型的服装产业这些没有竞争力的部门会受损失。日中韩于1999 年 11 月在领导人会谈时，提出要进行协作研究。民间研究机构的协作研究从 2001 年开始，到 2009 年，协作研究就贸易灵活化、直接投资等国际经济相关课题展开了研究。从 2006 年开始进行日中韩自由贸易区研究，研究指出 2009 年应该在政府层面开始讨论。由此，三国政府一致同意从 2010 年开始进行产官学层面的探讨。

建立日中韩自由贸易区，在日本、韩国国内反对自由化的主要原因是没有竞争力的农业、服装等劳动密集型产业，中国的情况则是像汽车产业这种处于发展阶段的、高科技产业推动自由化比较困难的，各国都有必须要攻破的壁垒。[①]日本的壁垒以及应对，将在下一节论述。

涵盖东亚的自由贸易区构想

可以看到，东亚多是两国间设立自由贸易区，以东盟为枢纽建立所

---

①三国共同研究による日中韩 FTA の研究については、阿部他编（2008）を参照。

谓的东盟＋1这样的自由贸易区网络。涵盖东亚的自由贸易区构想虽然有，但是还没有到谈判的阶段。这里，我主要阐述一下"东盟＋3"（日中韩）以及"东盟＋6"（日中韩、印度、澳大利亚、新西兰）的自由贸易区构想的动向。

最先倡议东亚经济一体化的是马来西亚的马哈蒂尔总理（时任）。马哈蒂尔总理在1990年提议设立东亚经济集团（以下简称"集团"）。因为"集团"这个名称具有排他性意味，遭到了批评，后更名为东亚经济论坛。但是，其由于美国的强烈反对而没有得到东亚地区内的支持，所以没有进展。[①]

东亚经济一体化的活跃源于"东盟＋3"在1997年、1998年应对金融和经济危机的协议。1998年11月召开了"东盟＋3"领导人会议，由学者构成的东亚展望小组正式成立，决定推动研究长远视角的经济合作。该小组向领导人会议提出一些议案，其中包括2001年11月签署以"东盟＋3"为成员的东亚自由贸易协定（EAFTA），之后东亚展望小组解散。东亚研究小组继承了东亚展望小组的提案，这个小组由有政府背景的成员构成，并且于2003年11月提出了更详尽的方案，包括东亚自由贸易协定在内的合作内容。2005年，"东盟＋3"的专家们成立了研究签署东亚自由贸易协定可行性的研究会。研究会经过两个阶段的研究，于2009年8月提交了最终报告书，提议应该在政府层面开始探讨。

另外，日本在2006年提议建立由"东盟＋6"成员构成的东亚全面经济伙伴关系。作为前期工作在2005年召开了"东盟＋6"为成员的东亚峰会，一致同意定期召开东亚峰会。关于建立东亚全面经济伙伴关系的可能性，专家们在2007年开始研究。与东亚自由贸易协定一样，经过第一阶段和第二阶段两个阶段的工作程序，于2009年8月提交了最终报告书，提议应在政府层面展开研讨。"东盟＋3"领导人会议欢迎

[①]東アジアにおける地域統合については、伊藤・田中（2005）、浦田・深川（2007）などを参照。

专家们就东亚自由贸易区提出意见，东亚峰会也欢迎专家们对东亚全面经济伙伴关系提出意见，确认了应该在政府层面同时讨论东亚全面经济伙伴关系与东亚自由贸易协定。

东亚自由贸易协定与东亚全面经济伙伴关系的可行性报告非常相似。报告书认为，涵盖东亚的自由贸易协定对东亚各国通过经济发展实现经济繁荣，通过缩小发展差距实现社会、政治稳定非常必要。它的内容还涉及各国贸易自由化、灵活化，投资自由化、灵活化以及经济合作。至于推进的方法，东亚自由贸易协定是一揽子推进，而东亚全面经济伙伴关系则分阶段推动经济合作，具有灵活性、自由性，主要考虑到东盟新成员国推进自由化的困难。现在，东亚自由贸易协定和东亚全面经济伙伴关系均在政府层面召开了围绕产地规则的研究会，朝着东亚经济一体化方向开始行动。

4. 东亚自由贸易区的优势和课题

自由贸易区将给成员国和非成员国带来什么影响呢？自由贸易区通过发展成员国间的贸易，消除投资壁垒来扩大成员国之间的贸易和投资。东亚各国虽然贸易和投资自由化的进展很快，但是与发达国家相比，有很多国家依然存在严重的贸易和投资壁垒。在这种情况下，各国通过自由贸易协定消除贸易和投资壁垒，将使贸易和投资进一步扩大。贸易和投资的扩大将通过资源有效利用规模化经济带来的红利，促进经济发展。就像东亚不断签署的其他自由贸易协定，包括经济合作在内的一揽子自由贸易协定将通过提升人才素质来扩大经济发展的促进效果。如果考虑到东亚的高速成长是通过贸易、投资扩大而实现的，那么创设涵盖整个东亚的自由贸易区，将使东亚经济获得可持续的、加速的发展。而且，经济增长还会对社会和政治稳定有所贡献，因此自由贸易区将给成员国带来巨大的利益。其体现在以下两个方面：

一方面，自由贸易协定将限制非成员国向成员国的出口，从而给非成员国经济带来负面影响；另一方面，如果成员国经济发展成效显著，那么给非成员国经济带来的未必是负面影响。

关于东亚自由贸易区对成员国与非成员国 GDP 的影响，常见的是用经济模型进行模拟分析，研究结果显示的与预想一致，自由贸易协定成员国的 GDP 实现增长。例如，结成东亚全面经济伙伴关系后，日本的GDP 提升了 0.6%。[①] 如果考虑到日本约为 2% 的潜在增长率，那么这个数值不低。而被东亚全面经济伙伴关系排除在外的北美自由贸易协定、欧盟的 GDP 增长微乎其微。

自由贸易区尽管给成员国带来利益，但是创立自由贸易区时，经济、历史、政治等各个方面也存有障碍。全面地评价自由贸易区的效果，既要看到它给成员国带来的积极影响，又要认识到不是对所有部门都产生积极影响。一方面，它增加了有竞争力的企业、产业的出口机会，使消费者可以用低廉的价格购入商品，让双方获益；另一方面，没有竞争力的企业和员工因为进口扩大导致竞争压力加剧，成为受害者。因此，潜在的受害者反对自由贸易协定。例如，签订自由贸易协议后，日本农业、林业、渔业等第一产业缺乏竞争力，依赖自然资源、劳动密集型的食品、纺织产业生产力低下。这些没有竞争力的产业在政治上往往有强大的影响力（从业者握有大量选票，是主要政党的票仓——译者注），所以他们是建立自由贸易区的巨大障碍。另外，东亚的许多发展中国家认为，机械产业对其他领域具有巨大的波及效应，需要倾力扶植。由此，运输机械产业会强烈地抵制自由化。

在克服经济上的不利影响方面，成员国政府要给那些因自由贸易协定受损的劳动者提供教育培训，帮助他们在高生产力的行业就业非常重

① CEPEA 第 2 フェーズ報告書。
　　阿部一知、浦田秀次郎、NIRA 編《日中韓 FTA：その意義と課題》日本経済評論社、2008 年。
　　伊藤憲一、田中明彦監修《東アジア共同体と日本針路》日本放送出版協会、2005 年。
　　浦田秀次郎、石川幸一、水野亮《FTA ガイドブック 2007》ジェトロ、2007 年。
　　浦田秀次郎、日本研究センター編《アジア FTA の時代》日本経済新聞社、2004 年。
　　浦田秀次郎、深川由起子編《経済共同体への展望》岩波書店、2007 年。

要，作为临时性措施，政府需要向他们发放收入补贴；在扶植不成熟产业方面，一般采取临时性保护措施，原则上要花时间来推动自由化进程；在国内政策方面，有必要对员工进行专业培训，清理整顿向机械组装企业供应零部件的周边产业；日本等发达国家要对解决这些问题提供有效援助；在克服政治、历史等非经济因素方面，通过扩大人与人之间的交流加深相互理解非常重要。

结论：日本在东亚一体化进程中的领导力

近年来，东亚取得了令人瞩目的经济成就，通过贸易、投资自由化使贸易直接投资相互依存，不断扩大，从而实现了经济增长。在今后东亚的经济发展中，贸易直接投资也将发挥重要作用。要取得贸易直接投资主导型的经济发展，就要在东亚实现创造人力、物力、资金、信息可以自由、活跃移动的环境，同时，还要培养能够有效利用这些资源的人才，两者都非常重要。但是，现实情况却存在着各种各样的障碍，从 20 世纪 80 年代开始，东亚各国贸易投资自由化不断取得进展，可是依然有许多国家没有消除贸易壁垒。而且，虽然以信息通信为主的各种新技术不断出现，但是能有效地利用这些新技术的人才和制度并不完善。为克服这些障碍，取得投资、贸易主导型的经济发展，以东亚各国和地区为成员签署了包括贸易投资自由化和灵活化、经济合作等在内的经济合作协定，这是值得称道的事情。因为涉及很多成员的自由贸易协定、经济合作协议实施以后发挥了巨大的经济效果，东亚构筑东亚全面经济伙伴关系更加值得期待。以此为基础，东亚应该考虑把自由贸易协定、经济合作协议扩大到亚太，甚至世界范围内。

日本希望东亚经济合作协议能够建立有利于日本企业的经济制度，给日本经济带来良好效果，因此日本必须在推动进程中发挥主导性。具体来说，日本要与东亚各国迅速、战略性地签署两国间的经济合作协议，与东盟、中国、韩国等签署多个国家和地区间的经济合作协议，签署包括整个东亚在内的经济合作协议。在这三个层次上签署经济合作协议虽然比较困难，但是巧妙地利用竞争关系非常重要。日本必须具备设计实现东亚经济合作路径图的创造力以及使之实现的交涉能力。

日本在创设东亚经济合作区域时，能否取得主导权取决于东亚各国和地区是否真心认可日本的伙伴关系。为了东亚发展，日本要做好为开放市场作出牺牲的准备。日本必须认识到开放市场要伴随短期的牺牲，这是日本经济发展中不可避免的。本文已经多次说过，对日本来说最大的课题是农业自由化。在农业自由化中，大米自由化是最大的障碍。日本国内反对大米自由化，主要基于保障粮食安全、保护农业多方面职能（保护自然、环境、文化等）的立场，认为必须保护农业。提高粮食自给率、保护多方面职能是正当理由，但是为达到这个目的而实行保护主义是不正确的，要有更加适合的政策。例如，为保障粮食安全，与多个粮食出口国签订协议，可以保障稳定的粮食供给。更重要的是，在国内积极推动农业改革，这关系到提高日本农业的竞争力，会带来提高粮食自给率的效果。保护自然和环境，比起农业保护主义，可以通过发放农业补贴来有效实施。农业自由化可能会缩小农业生产、劳动力雇用，导致农民失业的可能性很大。失业无论对当事人来说，还是对社会而言，都会带来巨大的损失，比起农业，让从业人员到更有生产力的行业就职，这将使当事人和社会受益。因此，给不得已失业的人口发放临时性补贴，同时为提高这些人的竞争力，必须给予他们再教育、再培训的机会。实行这样的政策可以有效利用劳动力和资本这些有限资源，实现经济发展。

我主要是以自由贸易协定进行的经济一体化为中心展开东亚一体化论述的。经济一体化的进展关系到经济共同体的构建，这将使实现经济繁荣、社会和政治稳定成为可能。如果经济共同体得以实现，就可能构建社会文化共同体，政治、国家安全共同体，最终实现东亚共同体。日本不仅将在东亚经济、政治、社会等领域中发展很好，而且还会更加依存于将会高速发展的东亚，所以日本不仅为了自己，也要为东亚各国构建共同体担负起领导力。为此，日本在发挥构建东亚共同体的想象力的同时，也必须显示出其执行力。

第 四 章
二十一世纪东北亚区域合作与建构信赖关系

朴明圭

1. "东北亚"的提起与现实

随着以"东盟＋3"开始的韩国、中国、日本的领导人会议迎来十周年，它的重要性在逐步增强，讨论的主题也趋于多样化。2010年韩中日领导人会议秘书处设在首尔，有报道说韩中日自由贸易协定讨论已经从最初的民间层次发展到由官民共同推动。虽然对其不应过度期待，也难以预测进展速度，但是，目前韩中日三国合作的机制受到重视，这种动向令人鼓舞。在学术上，专家们从十多年前就开始以各种形式着重讨论东亚、东北亚区域的重要性。最近，相继有东亚、东北亚的相关研究成果发表，中国、韩国、日本的知识分子召开相关内容的研讨会，"后东亚"的刊物也已出版发行。[1]

不过，较之欧洲经验，东北亚区域一体化水平并不太高。一般在考虑区域一体化要素时，往往论及地理位置的接近性、相互作用、共同纽带，还有身份认同等。[2] 东北亚各国虽然在地理位置上很近，但是有大陆和半岛、岛屿地形的差异，让人无法切身感受到欧洲大陆、北美大陆那种地理接近性。从相互作用的角度看，虽然东北亚各国在历史上有悠久的交流传统，但是经历了日本军国主义那令人心痛的过往以及冷战对峙时代，在国家交往中绝交和异常的色彩依然浓重。朝鲜半岛南北分裂，

---

[1] Park Myoung-kyu, "The Development of East Asian Studies in Korea", Journalism of East Asian Studies, vol.1, 2001; Giovanni Arrighi et. Al., The Resurgence of East Asia, Routledge, 2003; 孫歌・白永瑞・陳光興編《ポスト東アジア》作品社，2006年。

[2] Louis J. Cantori and L. Spiegel, eds., The International Politics of Regions: A Comparative Approach, Englewood Cliffs, Prentice-Hall, 1970, pp. 6-7. Peter Katsenstein, "Introduction: Asian Regionalism in Comparative", in Peter J. Katsenstein and Takashi Shiraishi ed., Network Power, Cornell University Press, 1977, p. 9 で再引用。

敌视关系还没有消除，朝鲜和日本甚至没有建立正式的外交关系。再加之，语言、文字、文化与价值、身份认同等领域都有个体国家的鲜明特性，东亚并没有共同的身份认同。

尽管这样，围绕东亚区域合作、共同体的讨论还是在扩大，地区内部的交流也在增加，这些都意味着合作的必要性在提高。本来"地区"这个概念，通常由政治上的必要性来定义，在这个意义上，与时代的课题无关。在近代以前，这个地区处于以中国为中心的"华夷秩序"框架下，到了英国行使霸权的近代作为"极东"（Far East），与近东、远东一起成为亚洲的组成部分。在日本实行军国主义扩张政策的 20 世纪上半期，这一地区又属于称作"东洋"的范畴内，到了 20 世纪 30 年代末期被强迫纳入所谓的"大东亚共荣圈"的地区体制。自这个地区被置于美国霸权主义秩序下以来，"极东"用语逐渐消失，取而代之以"亚洲太平洋地区"，现在亚太地区概念受到更多重视。[1]

本章比起"东亚"更加侧重于"东北亚"的层面考察区域合作。在全球规模的经济危机日益严峻、"东亚"区域秩序被预测将发生根本性变化的重要时刻，需要讨论"东北亚"区域合作的政治意义是什么、把东北亚聚合在一起的力量是什么以及存在着什么样的课题与问题。带着这些问题意识，下面就现在东北亚合作的契机、维度，考察它的原动力和制度性框架，并特别聚焦于增进相互信赖的对策展开讨论。

2．东北亚区域一体化的四种局面

讨论东北亚区域合作的原因有四点，即经济因素、军事安全保障层面的因素、社会文化因素以及知识文明论的因素，以上四个因素具有各不相同的作用和影响。

---

[1] Arif Dirlik「アジア——太平洋という概念」『創作と批評』1993 年春。

"东亚"的经济发展和市场一体化

过去十余年间，"东亚"作为一个地理范畴之所以被讨论，最为重要的理由就是这个地区取得了令人惊讶的经济成就。继日本之后，韩国、中国台北、中国香港的经济发展成为世界瞩目的焦点，西欧学界开始对"东亚"显示出兴趣。接着，中国内地的高速经济发展继续兴起，"东北亚"被视为经济发展模式地区，人们努力试图剖析清楚这种模式是否在其他地区也可以适用，以及这到底是怎样的模式。1993 年世界银行发布了《东亚奇迹：经济增长与公共政策》（*The East Asian Miracle: Economic Growth and Public Policy*）报告，以此为契机，社会科学领域中经济发展论专业的知识分子深入进行政策讨论，形成对这个地区的浓厚兴趣。[①]

在这一脉络中，最被强调的就是发展型国家（developmental state）[②]。一般认为，它是指政府主导型经济发展模式，这种强有力的政府能够有效地实施产业政策。然而，这终归是以个别国家为中心的理论，不能把这个地区视作一体化区域范畴的充分条件。而且，是否可以把中国与韩国、日本和新加坡的复杂历史体验、异质性简单归为政府作用，用单一因素来解释，这点一直就存在分歧。主张体系理论的学者们在 20 世纪后半叶的世界格局下，着眼于东亚地区所处的结构性地位，在变革过程中，一些国家从边缘升格为半边缘，形成结构变化的趋势。滨下武志提倡东亚的朝贡体制论，强调直到近代以前东亚以中国为中心，存在独特的区域体制。[③] 一部分经济学家把 20 世纪初期开始存续的日本殖民统治体验设定为区域共通性的根据，还有人强调儒家传统文化是共通要素。

东北亚以中国改革开放、1992 年韩中建立外交关系，以及 1995 年

---

① B. Balassa, 1988, "The Lessons of East Asian development: An overview," Economic Development and Cultural Change, vol.36 と Alvin Y. So & Stephen W. K. Chiu, 1995, East Asia and the Word Economy, SAGE.

② Chalmers Johnson, 1999, "The Developmental States: Odyssey of a Concept," in Meredith Woo-Cumings, ed., The Developmental State, Cornell University Press.

③ Giovanni Arrighi et. al., The Pesurgence of East Asian, Routledge, 2003. キム・ギョンイル「東アジアと世界体制論」キム・ギョンイル編『地域研究の議論と歴史』1998 年。

WTO 开始建立多边贸易体制为契机，迅速地进入了相互交流的时代。过去的 20 多年，东北亚地区因为地理位置近、国家间的比较优势以及市场竞争力，一体化程度急剧提高。看一下这个地区各国区域内贸易比率，韩国从 1980 年的 31.9% 提高到 2003 年的 45.9%，同期日本从 23.8% 提高到 40.1%。中国在 1990 年达到 62.7% 的峰值，2003 年下降到 49.7%，但是绝对水平比率依然很高。再看贸易伙伴，地区内的各国比率显著提高。韩国对华贸易比率急剧上升，2004 年以后最大的贸易伙伴国由美国变成中国。中国的贸易伙伴国，1994 年是日本、美国、德国的顺序，到了 2004 年，变为美国、日本、韩国的顺序。日本对华贸易增加率，1994—2004 年年均增长 13.8%，可以看到也是急剧发展的。[1]

在这种情况下，东北亚国家开始了结成东北亚经济合作体的各种讨论。1990 年提议建立东亚经济集团 (East Asia Economic Group, EAEG)，紧跟着发生亚洲金融风暴的 1998 年，出现了亚洲货币基金 (Asian Monetary Fund, AMF) 的构想。1999 年以后出现"东盟＋3"构想等，韩国、中国、日本三国间的东亚自由贸易区从 2002 年以来成为研究对象。东北亚韩中日三国，与东盟一道对区域合作的方向和水平，表现出持续性关心。东北亚国家间经济合作的研讨除了贸易、投资、金融合作以外，在资源、环境、物流等领域也广泛开展起来。[2]这个地区是世界上最大的资源消费地区，在资源的供给、管理、开发方面，应该谋求相互合作。而且，随着东北亚区内贸易的增加，构建共同的物流体系也是一个重大课题。现在，正在推进中的图们江（朝鲜语为"豆满江"）流域开发项目等，是为了吸引朝鲜经济走上开放之路。多国参与协力合作的项目，将成为东北亚经济一体化的部分构成要素。此外，还有人倡导环黄海经济圈等新经济群论，对新的经济一体化进行了可行性论证。

①ユン・サンウ「東アジア経済統合と FTA：可能性と限界」，東アジア発展、北東アジア経済統合と和解協力，アルケー、2007 年。
②ナム・トクウ「北東アジアに目を向けよう」サムソン経済研究所、2002 年など参照。.

　　但是，与欧洲一体化的水平相比，东北亚经济合作体的发展还停留在非制度化阶段。美国政治学家卡赞斯坦（Katzenstein）指出，欧洲经济合作以制度性框架为基础，而东北亚是以市场为中心。[①]今后，自由贸易协定的讨论、亚洲货币基金的构想等应该如何发展下去，取决于在多大程度上实现了超越市场一体化层面向区域一体化制度性框架建设的转移。当然，还取决于美国是否参与，也需要考虑到"东亚""亚太地区"因范围不同产生的紧张事态。

军事、防卫危机和区域合作——朝鲜核问题和多国间防卫构想

　　东北亚地区，是一个具有政治、军事紧张和对立历史的地区。第二次世界大战后的冷战持续和冷战结束后，该地区依然保持着非正常化的国家关系。可以说，南北朝鲜的紧张关系至今存在。不仅这样，这个地区还是美国争夺世界霸权的地区。

　　欧洲有北大西洋公约组织（NATO）这个多国间防卫合作机构，而东北亚应对冷战体制的形成并没有设立多国间防卫合作机构。在世界霸权体制和区域势力均衡体制并立的不稳定格局下，存在着日本普通国家化、美国强化霸权、南北朝鲜及一系列不稳定因素。[②]事实上，这个地区也是世界上军费支出最多的地区之一，个别国家政策上一贯强化军事力量，多国间合作机制不完善，防卫多依靠个别国家及两国间同盟。合作机制当然还是在初步阶段。有多个国家开始尝试东北亚多国间安全对话，美国也作为重要当事方参与其中。1993 年设立了东北亚合作对话会（Northeast Asia Cooperation Dialogue，NEACD），1994 年设立了亚太安全合作理事会（Council for Security Cooperation in the Asia-Pacific，CSCAP），后来还出现了更广泛问题的对话场所，讨论

---

　　① Peter J. Katzenstein. "Japan, Technology, and Regionalism in East Asia," in Giovanni Arrighi et. al. ed., The Resurgence of East Asia, Routledge 2003. pp.214–221.
　　②イ・サンヒョン「国際情勢展望」『情勢と政策』世宗研究所、2006 年 1 月。

东盟区域防卫的东盟地区论坛（ASEAN Regional Forum，ARF）。^①但是，我不认为这些是真正意义上的实现区域防卫的多国间框架机制。

现在，各方围绕东北亚防卫问题共同关心的是朝鲜核问题。具有讽刺意味的是，美中对朝鲜核威胁的共同认识是推动该区域多国间防卫合作协议的主要契机。朝鲜半岛的军事紧张，特别是朝鲜开发核武器让周边国家感到了共同安全威胁，从六方会谈的机制可以看出，会谈旨在推动多国间合作。^②美国学者斯科特·斯奈德（Scott Snyder）指出，处理朝鲜核问题时，在东北亚地区形成多国间防卫的制度性框架大致可以分为三个阶段：^③第一阶段是，20世纪90年代前半期，朝鲜退出《不扩散核武器条约》（NPT）导致第一次核危机，为了解决这一问题，美国主导签署《日内瓦框架协议》。1994年美国与朝鲜在日内瓦签署协议，协议的主要内容是朝鲜停止使用其原有的核设施和轻水反应堆建设。根据协议设立多国参与的国际机构——朝鲜半岛能源开发组织（KEDO），但是这一尝试以失败告终。第二阶段是，四方会谈以及随后韩美日三国成立的对朝政策协调会议（TCOG），但是它们也没有成为长期有效的框架机制。第三阶段是，2003年开始的六方会谈机制。中国作为轮值主席国发挥了中心作用，会谈发表了《9·19共同声明》，形成了重要的多边框架机制，不仅描绘了解决朝鲜问题，也描绘了对东北亚地区的将来产生重要影响的图景。《9·19共同声明》在解决朝鲜问题的同时，推动了朝鲜与美国、朝鲜与日本的邦交正常化，构建了朝鲜半岛和平机制和东北亚多边合作机制。事实上，《9·19共同声明》重视六方会谈机制，强调朝鲜"弃核"的合作性让步，类似这种作为发展东北亚多边制度性框

---

①チョン・ソンフン「北東アジア多者安保対話の現状と課題」『韓半島と北東アジア平和』2007年発表文。

②統一研究院『韓半島平和体制ガバナンス活性方案』2007年。

③ Scott Snyder, "From Nuclear Talks to Regional Institutions: Challenges and Prospects for Security Multilateralism in North East Asia," paper presented at Seattle Conference on North Korea and Nuclear Politics held by IPUS and UW. 2009 June

架契机而寄予期待的文件并不少。[①]

这不仅是因为有中国的参与而受期待，而且《9·19共同声明》是一揽子、总体性的未来构想。但现实中，这却是一个不容易达到的过程，各方对多边合作有效性的评价也未必一致。[②]现在，有人主张六方会谈无用论，但是树立东北亚多边防卫合作必要性的意识依然重要。

社会文化交流

东北亚区域内交流不断扩大，如人员交流和往来、旅行和信息交换、"韩流"文化在国际上的推广，等等，在社会文化层面呈现出不断的变化。留学中国和日本的韩国留学生每年都大幅增加。在韩国的大学中，来自中国和日本的留学生也急剧增加。文化方面，来自中国、日本的电影、音乐、戏剧、小说等占有相当大的比重。寻求新工作的劳动力在韩国境内流动非常活跃。从这些方面可以看出，韩国有必要推进"东北亚文化共同体"。[③]

当然，东亚地区语言文字互不相同，曾经处于日本军国主义统治下的历史记忆还没有消失，日常生活中频繁进行区域内的往来和相互交流比较困难。但是，我们必须注意到几点显著变化：首先是媒介进步带来的文化交流和相互理解显著加深。2000年以后，重要潮流包括"韩流"、日本小说热、中国旅行热等，这些极大地促进了东北亚地区民众的相互理解。在这一过程中，理解、使用两门语言的人数在激增。在韩国的日语、汉语热，在日本、中国的韩语热等都是文化交流增加的体现。

进入20世纪90年代中期以后，围绕社会热点问题，区域内相互影响和相互合作的趋势也在不断加强。尽管市民运动的多样性、文化冲突、各种非政府组织的活动产生了影响，但是东亚各国的各种民间团体

---

①チョン・ボングン「北朝鮮非核化のための協力的接近」パク・ギドク、イ・サンヒョン編『北朝鮮核問題と韓半島平和体制』世宗研究所、2008年。
②例えば、イ・テウ「北東アジア多者安保協力発展方案」『北東アジア平和繁栄シンポジウム』及びパク・ユニョン「北東アジア新秩序と韓半島平和体制」『韓国国防研究員セミナー』資料集参照。
③キム・グァンオク他『北東アジア文化共同体推進のゼジョンと課題』統一研究院、2004年。

自发地呼吁，谋求协作的潮流在发展壮大。特别是文化研究者与女权主义者、环保主义者、民族主义活动家们积极主张"连带论"。2000 年"日军性奴隶国际战犯法庭"就是以北京世界妇女大会为契机，东亚的多个女性团体、人权团体、战争受害者团体团结起来，开展协作活动的成果。① 他们分享在被殖民统治下的痛苦及战后冷战体制统治下的经历，讨论国际暴力给民众带来的灾难问题，以扩大和平、人权为目的，组织"东亚和平人权国际学术会议"，在 1997 年成立以后一直连续不断地开展活动。② 最近他们开始讨论，主张构建超越经济、政治维度的"社会亚洲"（Social Asia）。

类似这种区域网络在环保、生态社群主义、替代方案性的生活社群主义等运动中逐渐扩大，特别是由气候变化导致的沙尘问题、能源危机等，是这个地区必须共同应对的突出问题。除了环境问题是个巨大的威胁之外，国际化犯罪也是个大问题。另外，东亚地区体育、大众文化领域的相互往来大幅增加，对他国文化的感受和开放程度有明显进展。对日本文化比较迟来的开放，韩国也在金大中政府以后有了飞跃性进步。随着信息通信媒介的革命性进步，海外文化的相互交流日益频繁。中国的"韩流"热就是这种文化交流的一个侧面。在这一背景下，比起一个国家的身份认同、民族认同来，强调多样化的市民主体性、混合身份认同（hybrid identity）重要性的呼声越来越高。③

文明替代的探索

一方面，学界有对西欧近代文明极限的指摘，另一方面也有把东亚作为新的文明单位加以研究。它关注不同于欧洲近代文明的东亚文明的存在，可以说是力图摆脱西欧中心主义的尝试。今天，西欧社会中所见

---

①大越愛子「日本のフェミニズム運動と日本の性奴隷法廷」民主化運動と女性シンポジウム発表文、2002 年。
②東アジア平和人権韓国委員会『東アジアと近代の暴力』サミン、2000 年。
③坂本義和対談『黄海文化』2002 年。

的各种负面要素，也就是说个人主义、人际关系疏远、环境破坏、犯罪等，人们尝试从东亚经验和传统中获取超越的可能性。在韩国，学界主张"东亚和欧洲是现存的两大文化圈"，强调"东亚文明是西欧文明的替代文明"，[1] 还有主张以儒学为思想基础以超越西欧式自由民主主义的极端个人主义和非共同体主义的限制，这些例子都属于这一类。[2] 也有人着眼于东亚内部的多样性和异质性提出，比起儒学更应该关心道教精神。[3]

当然，有人质疑能否把东亚设定在特定的文明圈内。即使可以，也有不少对近代文明替代的批评。而且，有些批评还认为，对东亚的讨论常以文化同一性、历史必然性和当为性作为基础，忽视文化内在的多样性和可变性，使文化僵化。甚至有人主张，强调儒学正面功能的讨论是以过去小规模原始社会为对象的文化论为基础，所以把传统神秘化，歪曲事实的可能性很大，[4] 忽视了女性、民众受到的压抑，把过去作为传统使之复活，并美化它，这必须彻底进行批判。[5]

这些理论的背后，反映了对共同体主义的探求，它反对愈加个人主义化的新自由主义潮流，但是此时此刻，超越个别国家的水平，在区域文明圈的维度展开讨论还为时尚早。最近，文化层面的工作受到重视，在传统被商品化的过程中，对东方传统进行文化意义上的再解释工作引起了大众的关心，但是还没有达到充分反映克服西欧中心主义文明论的问题意识的维度。今后，以人文学者为中心，把东方思想、传统文化活用于现代社会的努力不断扩展开来，或许将会出现有意义的研究成果。在西欧中心主义近代文明的极限逐渐暴露的情况下，探索长期的、新文明论的工作非常重要，在这一脉络中思考东北亚问题意义重大。

---

①キム・インフアン「東アジア文化研究の反省と展望」『東アジア文化と思想』1、ヨルフアアダン、1998年。
②ハム・ジェボン『儒教資本主義民主主義』伝統と現代、2000年。
③チャン・ジェソ「東アジア文化：その超越的機宜としての可能性」『想像』1997年夏号。
④ハン・ギョング「東アジア的なものを探して?」『文学と社会』36、文学と知性社、1996年。
⑤チョハン・ヘジョン「アジア地域のフェミニスト、どうしてそしてどのように会おうか」、『当代批評』5、1998年。

3．区域合作与相互信赖问题

刚才已经言及，现在的东北亚在经济、社会文化上的关系越来越密切。从重视经济发展的角度来看，各方期待推进经济一体化的愿望强烈，最终应该使经济一体化增强政治、社会的连带感。的确，一个地区经济关系紧密，有缓和政治纠纷和紧张的倾向。但是，经济一体化和社会信赖以及政治一体化并不一定按比例增加。特别是像东北亚这样，在没有充分信任的情况下，以经济和市场为中心的一体化急速进展，东北亚必须同时努力调整这种不平衡。

从这一点来说，不逊于经济合作和市场一体化的重要课题是，构建东北亚区域内信赖关系。建立减少潜在的紧张因素、解决冲突的制度性框架，同时，努力使新一代加强相互理解和相互交流，这样才能使经济一体化作为区域一体化的巨大原动力而发挥作用。本文以下将研讨东北亚构建信赖关系的几个方案。

大学的作用及知性网络

推动东北亚地区一体化的主体是多样的。经济领域的一体化由企业主导，而社会文化一体化由社会团体、媒体主导，其他各种区域内的移动主体都可以成为主要的行为主体。军事、防卫层面主要基于政府间的正式交流，但是谈到个人的安全问题，社会、学界等多种网络需要发挥作用。为了增进相互信赖和相互交流，大学、研究机构的作用也很重要。[1]大学怎样把握研究区域，应该把什么作为主要的研究课题，这些在决定政治、经济、社会文化层面的地区交流、地区合作方向上，都存在重要影响力。大学是创造知识、消费知识的最初机构，是世界共同的普遍性制度，它在引导区域内知识分子交流与合作方面可以发挥巨大的作用。

---

①朴明圭「東アジア論と知識人ネットワーク」第3回ベセトハシンポジウム提案、2002年。

　　学问在本质上是普世的、世界性的，但是实际上，科学研究和应用的实施过程不能摆脱国家框架的情况不在少数。因此，大学在个体国家的逻辑上也不自由，近代以后"学问国有化"的现象非常明显。国民国家是政治框架，但是同时它在观察现实、解释现实时，具有认识论的框架特征，很多时候主要大学被置于国家强大的影响力之下。[①] 东亚各国把西欧科学作为近代文明来接受，在科学与国家的结合上就是典型例子。这些国家深受 19 世纪末社会进化论观点的影响，"富国强兵"的思想广泛共享，日本除外，甚至主张"通过科学进行战争"，可见两者存在着紧密的关联性。

　　强调"东北亚"地区，是把局限在一个国家中的认识广度和深度拓展到地区层面中。这就需要我们具备超越国家层面的思考框架，获得以地区为单位新的认识和创造的判断能力，既共有地缘政治学、文明论的条件，又强化对相互影响的地区空间概念的关心。只有这样，才有可能出现超越国家的新讨论。在这样的脉络中，要正面考察东北亚的话，就必须在个体国家和国际社会之间重新确立自己的认识框架。但是，如果确立这样的认识框架没有对自己所属社会的把握和对国际社会中活动主体的理解，是不可能实现的。[②]

　　大学和研究机构担当起这样的职责最为合适。知识分子往往能进行具有普遍意义的、未来指向的思考，所以他们必须在超越个体国家的维度，发展东北亚共通的思考框架中发挥重要作用。通过大学间的教研项目，充实留学生交流、教授团队的科研合作、各种学术交流和研讨会等，扩大和强化知识分子间的联系，这些都是极其重要的。大学间的定期教研项目还是很有用的。例如，以北京大学、首尔大学、东京大学、夏威夷大学为中心实施的 Be－Se－To－Ha 项目就是一个范例。今

---

　　①「文化はいつも積極的に国家と連結されている」E. Said 著、キム・ソンゴン、チャン・チョンホ訳『文化と帝国主義』チャン、1995 年、40 頁。
　　②池明観「転機の東アジア時代、北東アジア——地政学的発想から地政文化の発想へ」チョン・ムンギル他編、発見としての東アジア、文学と知性社、2000 年。

后，大学要在发挥分领域、分争议点的学者网络作用上进一步加大力度。学生和教授团队的交流就不必说了，对地区内共通的、有争议的观点，要强化意见沟通，大学必须积极地努力完成这方面的工作。

共享媒体和地区新闻

在现代社会中，对生活空间和共同体的看法受到了来自媒体的很大影响。从这一点看，在形成区域合作和信赖关系上，媒体应该发挥很大作用。现代社会中，媒体有传播国家重要新闻和国际新闻的双重职能，特别是 IT 技术的进步和全球化进展史无前例地缩小了空间距离，全世界的新闻可以实时共享，由此形成了一个"地球共同体"。

然而，如果详细分析东北亚的情况，我们可以发现媒介报道的信息依然没有超过国境。国际新闻也是被国家中心的解读思路、关注方式所左右，对新闻核心内容的解释也因各国具体条件而存在相当大的差异。特别是语言不同，导致东北亚各国的信息和新闻不能直接播送，原样共享。其结果是，韩国、中国、日本的新闻被分成国内新闻、国际新闻两个模块播放。在国际新闻中，说是全球规模的新闻，但是美国在内的世界主要国家的影响不可避免地发生作用。因此，别说东北亚的市民，就连知识分子都持有国家观点和世界观点两个框架，但却几乎没有地区的视角。人们往往用批判的态度审视国内新闻的观点，想拓宽一些见识的人们则较多地强调国际新闻的观点。

为了正确理解 21 世纪的复杂现实，我们有必要区分三种时空视角：第一种是，各种事件和各种变化是被放在国家空间范围内把握的短期历史事件及个别国家的活动视角。它倾向于把全球发生的各种事件、各种变化放在自己所属国家的空间中，且从自己所属历史的时间范围内进行评价、理解。第二种是，放在更长的时间范围和世界维度的空间范围内同时思考，即长期历史的、全球规模的视角。这是世界体系理论主要代表人物布罗代尔（Fernand Braudel）和沃勒斯坦（Immanuel Wallerstein）在研究资本主义文明和世界体系时所立足的基本视角。从这个观点看，至少几个世纪以来全世界被涵盖在一个整体变化中。因此，把个别国家、社会放在孤立事件中进行研究并不妥当。所以，第三种视角就显得很有必要。第三种是，将短期历史和长期历史的时间范围组合成一个时间范围，与个别国家和存在于全球规模这一空间概念中的地区概念相结合，形成复合的、地区性的视角。这个视角，使相邻的多个国家既各自保持独立的地缘政治学的、文明的条件，又把遭遇到的相同历史条件、相互影响的空间作为对象。韩国所在的东亚地区相当于这种类型的时空视角，把中国、日本和朝鲜视作一个范围的空间概念，并把这些国家共有的历史进程作为认识的基础。

在以个别国家为中心的逻辑和以世界主义为中心的逻辑的两极中，为了拓展以地区为单位的思考和视角，基于复合型的、地区性的视角，持续不断地传播、交换信息和新闻是现实需求。为此，媒体在地区维度中解释、讨论每天所发生的各种事件和新闻的作用极其重要。现在，韩中日在旅游景点中分别用韩语、汉语、日语书写标示牌，这不仅给游客提供了方便，也让人感受到东北亚地区的一体感。今后，有必要促进相互理解制度化，在纸媒、新闻栏目中，原样介绍区域内邻国的新闻、观点、视角，甚至可以像欧洲一体化广播电视那样，探索可能的组织框架，共同制作和同时播放东北亚地区的新闻，这种尝试非常重要。这种努力得以实现的时候，就是超越了国家中心主义者和世界主义者的对立，把区域合作和信赖关系定位于社会性议题进行思考的时候了。

政治领导力

还有一个重要问题是，东北亚区域政治领导人的愿景和领导力。从欧洲一体化的事例中可以看到，我们需要能看准未来、以推进区域一体化和信赖关系为己任的领导人。然而，这个地区的国家领导人，依然是最优先考虑个别国家的利益，尚未摆脱这种思考层次。在讨论世界作用、东北亚合作问题时，赢得周边国家信任与尊重，能够引起地区层次共鸣的人物现在还没有出现。

如果没有政治领导力，区域合作走向制度化会遇到很大障碍。为了形成这种区域领导力，最重要的是中国和日本的政治领导人首先要站在区域高度考虑问题，这是不可缺少的。其次是日本依然不能果断跳出过去历史的陷阱，摆脱不了自我为中心的视角。它应该像欧洲的德国那样，承认过去的错误，让其他国家看到它为新的东北亚区域合作而努力的姿态，这是不可或缺的。最后是即使在一般民众层面还遗留着对日本的误解与不信任，但政治领导人只要展现出愿景和负责任的态度，就能让东北亚地区的相互信赖提升到不同于以往的高度。

2010 年正好是日本执行帝国主义扩张政策、在朝鲜实行殖民统治一百年。对殖民地时代的历史认识、由此而来的政治批判、两国因对古代史的不同认识而产生的纠纷等，有可能产生若干紧张要素。超越这些悬而未决的问题，为了在本地区建立牢固的信赖框架，东北亚三国的政治领导人必须努力谋求把面向未来的历史认识、政治决断以及相互尊重的精神制度化。

朝鲜半岛问题的区域性研究

综上所述，我认为最重要的观点就是，需要认识到朝鲜半岛问题是推动东北亚区域一体化的核心课题。朝鲜半岛的不稳定和朝鲜核问题，是推动 21 世纪东北亚区域合作中无论如何也要解决的问题，同时也是推动区域一体化的契机。[①] 现在，六方会谈潜在的多边主义作为解决朝鲜核问题的框架开始发挥作用，对此可以理解为推动未来 21 世纪东北亚区域一体化的多国间合作机制正在酝酿之中。事实上，朝鲜半岛的事态变化已经给日本的朝鲜半岛战略带来了根本性的变革。由于东北亚整体的相互交流和相互合作发生了重大转机，有必要对朝鲜半岛事态和东北亚和平构建的相互关系进行更加深入的研究。

①朴明林「北東アジア時代、北東アジア構想、南北関係」統一研究院『北東アジア構想と南北関係発展戦略』2006 年。

实际上，现在的朝鲜问题既是今后东北亚区域合作中极为重要的课题之一，也是到目前为止各方合作的成果。①但是，现在的朝鲜核问题、朝鲜半岛问题与各国的战略判断相联系，超越个别国家的维度，在区域合作、区域共同体维度内推进协商解决并不是件容易的事情。朝鲜核问题已经构成严重威胁，可以想象为解决这一问题需要花费大量的政治、经济成本，在这种情况下，更是加大了解决难度。很多学者都为本国的利益关系所左右，理想状况应该是，把悬而未决的政治问题置于中长期视野中，努力强化发展东北亚区域合作框架的意志。要在东北亚推广一种文化，思考问题时不能拘泥于国家边境的限制，应与周边地区整体考虑，必要的时候甚至可以对本国政府采取批判的立场，而且有必要不断地进行多元化的努力。在怎样的脉络中观察朝鲜半岛问题，并创造新型的合作形式，官民联手努力十分重要。

结语

2010 年，紧密的相互协作关系在东北亚地区不断拓展。人员往来、物资交流的发展不必言说，在解决共同面临的诸多问题上，多元的制度性合作也在有组织地发展。企业方面，已经构建了相当程度的一体化生产和消费网络，媒体和信息领域方面也在急剧扩展。积极变化的另一面是，仍然存在因为相互缺乏信任导致的冲突和紧张，朝鲜核问题触发的朝鲜半岛区域性不稳定也在不断扩大。消除共同威胁和不安的制度性机制尚未出现。

在东亚的现代史中，第二次世界大战后，由于去殖民化的不彻底和冷战体制的强大制约，东亚地区错过了发展区域性一体化、建立共同纽带关系的机会。然而，过去 20 年的新经验，让不同于以往的可能性出现。阿里夫·德里克（Arif Dirlik）主张把"作为遗产的东亚"和"作为项目的东亚"区别开，"'东亚'这个概念在能够具体说明世界性这一

---

① 徐勝・松野周治・夏剛編『東北アジア時代への提言』平凡社、2003 年。

当今问题时，需要对经济、政治定义的问题提出解决办法，这些问题把过去和西欧一体化的产物——今天的现实作为出发点，只有这样才有意义。"① 先把东北亚一体化的历史遗产搁置一边，未来的课题是将来形成怎样的区域性协作关系、追求怎样的普世价值。大学在有意义且面向未来解决这一问题方面发挥着重要作用。我们强调通过学者构成紧密的网络，创造性地构建区域性身份认同，这是极其重要的。

---

① Arif Dirlik「歴史と対立される文化か——東アジアアイデンティティの政治学」『発見としての東アジア』文学と知性社、2000 年。

第 五 章
中日韩合作应以能源、环境作为优选目标

郑新立

　　中日韩三国经济和文化联系密切，人员往来频繁，经济和国际贸易总量均占东亚总量80%以上。三国发展贸易和投资合作，不仅有利于自身的发展，而且对东亚经济发展将起到更大的带动作用。推进中日韩市场一体化，不仅是实现东亚市场一体化的前提条件，而且是实现东亚和平、和谐的前提条件。

　　放眼当今世界，区域经济一体化已成为不可逆转的历史潮流。欧盟、北美等自由贸易区的建立，已经大大推动了这些地区国家之间投资贸易的发展，增强了这些地区国家的整体竞争力。实事求是地讲，东亚乃至整个亚洲在区域经济合作方面，已经远远落后于欧美。特别是在东盟自由贸易区已经建立，中日韩三国已经分别同东盟签订各种投资、贸易自由化协定的情况下，中日韩三国舍近求远，绕经东盟来实现市场的一体化，实在是隔靴挠痒。我们应当向欧美国家学习，把中日韩市场一体化摆在三国经济外交的重要议事日程上。

　　对于中日韩三国之间市场一体化进程缓慢的原因，人们可以列出100条理由，但同样，我们也可以对实现中日韩市场一体化的必要性和可行性列出更多的理由。中日韩三国经济技术发展水平呈阶梯式，处于垂直分工状态，三国之间发展贸易和投资潜力巨大。从总体上看，中日韩市场一体化不但不会形成相互间的竞争，反而有利于优势互补，互利共赢。最近几年，特别是国际金融危机以来，日韩两国抓住中国扩大内需的机遇，对中国的出口不断增加，拉动了两国经济的发展，从而大大减轻了国际金融危机对两国经济的影响。目前，中国不仅是日韩的最大贸易伙伴和出口市场，而且对华出口占两国出口总额中的比重不断提

升。2009 年，日本经济之所以能出现止跌回升，对中国出口增长的贡献在 70% 以上。同年，韩国对华出口占其出口总额的比例已达 24%，出现了大幅上升，而对日本、美国的出口比重已分别下降到 12% 和 9%。中国的进口总额去年（2008 年）已突破一万亿美元。2010 年 1 月，进口比去年同期更增长了 30% 以上。随着中国扩大内需和外贸收支平衡战略的实施，进口的增长将在今后一个时期保持较快速度，中国市场的规模将会迅速增大，如何利用中国市场带来的机遇发展自己，已成为许多国家的战略考虑。2009 年中国在出口下降 16% 的情况下实现了 8.7% 的经济增长速度，标志着中国已成功实现了经济增长由外需驱动型向内需驱动型的转变。正如日本管理学大师大前研一先生所说，目前世界经济已经到了依靠中国市场来拉动各国发展的时代了，哪个国家能够在中国的市场上占有较多的份额，哪个国家就能获得更多的机遇，就能发展得更快一些。大前研一先生的这段话是对现阶段中日韩经济关系及其发展趋势的精辟概括。

我想，有了上述这一条理由，就足以抵消掉所有妨碍中日韩市场一体化的理由。因为，物质利益是决定所有经济活动的最重要的因素。发展三国的经济合作，能够为三国人民带来实实在在的利益。与此相比，其他恩恩怨怨的事情就不值一提了。

扩大中日韩的贸易，要靠三国之间的相互投资来带动。日本对华出口的不断增加，主要是靠日本企业不断扩大对华投资来实现的。在中国对日出口中，日本在华投资企业生产的产品返销日本占 60% 以上，日本企业来华投资还带动了零部件对华出口。以汽车工业为例，去年（2008年），中国汽车产销量均达 1360 万辆，超过美日的总和。日本六大汽车公司均在华投资生产汽车，拉动了日本汽车零部件的对华出口，对日本去年年底实现经济增长由负转正起到了关键性作用。韩国是利用中国市场实现经济发展最成功的国家之一。韩国企业的对华投资，拉动了韩国对华出口，使韩国对华贸易保持了多年的大量顺差，对韩国经济战胜此次国际金融危机的冲击发挥了至关重要的作用。

经过多年的交往，中日韩三国在农业、纺织、轻工、机械、冶金、化工、贸易、服务等领域的合作已有了很大的发展，成绩斐然。当前，进一步扩大中日韩投资贸易关系，应当把能源和环保作为优先选择的领域。这是应对全球气候变化、发展绿色经济、减少碳排放的需要，也是基于三国自然禀赋条件，实现共同发展和可持续发展的需要。《哥本哈根协议》就应对气候变化、减少碳排放达成了一系列协议。中日韩三国虽然发展阶段不同，但都承担着相应的减少二氧化碳（CO_2）排放的责任和义务。三国在这些领域开展合作，有利于三国更好地履行国际义务，树立三国良好的国际形象。中日韩三国又都是能源资源短缺、大量依赖石油和天然气进口的国家。中国煤炭资源虽然比较丰富，但由于地理分布等原因，去年已经由煤炭的出口国变成了净进口国，而且随着国内经济的迅速发展，进口能源的数量不断增加。三国距离很近，处于大体相同的生态气候环境中，各国的生态环境相互影响，哪一个国家也不可能独善其身，使我们在环境保护方面面临着一些共同的任务。所以，加强能源和环境方面的合作，是三国人民的共同利益所在，有着广阔的合作空间。就近期来看，我认为，以下八个方面应作为合作和关注的重点。

1．在进口能源、资源方面开展协调与配合

随着三国进口石油、天然气、煤炭、铁矿、铝矿、铜矿等能源资源产品的不断增多，三国相关产业和整个国民经济受进口价格的影响越来越大。过高的能源资源价格已经使三国的钢铁、化工和制造等产业难以承受，成为国民经济的沉重负担。而资源出口国和出口企业通过价格联盟和市场垄断，无限制地随意提高资源产品价格，加之一些国际投机资本通过期货价格的炒作，拉抬石油等资源价格，使中日韩三国为进口石油、铁矿石等蒙受了巨大的损失。中日韩作为能源资源大宗商品进口国，应当在进口价格谈判、稳定国际能源资源价格、反对垄断和投机资本炒作等方面沟通信息，协调立场。应当建立像石油输出国组织那样的

输入国组织，争取更多的定价权，维护国际能源资源市场的大体稳定，以维护中日韩三国的共同利益。建议在三国政府的推动下，由相关主要进口企业进行接触，协商共同应对之策。这样做，也有利于维护能源资源出口国的利益。因为价格的大幅波动，必然带来能源资源生产和就业的波动。涨价的好处主要被投机资本拿走，价格下跌的损失则主要由出口国广大人民承受。维护全球能源资源价格的稳定，是维护进口国和出口国共同利益的需要，是维护全球经济稳定增长的需要。

2．加强资源节约、环境保护技术的联合开发和转移

三国在能源、环境技术方面都投入了很大的人力、财力进行研发，有许多研究题目是重复的，如果三国联合起来，就能大大减少重复劳动和资金的浪费。集中三国的优秀人才联合攻关，有利于尽快在关键技术上取得突破，实现技术成果的共享。特别是在清洁能源、可再生能源、生物质能源、碳捕集、智能电网、循环经济、污染防治等技术开发和利用上，如果三国通过联合研发率先突破，不仅有利于三国的能源节约和环境保护，而且将为全球应对气候变化作出贡献。对于已有的技术成果，三国应在保护知识产权的前提下，加快传播和应用，使之尽快在三国经济发展中发挥作用。日本在能源节约、环境保护方面拥有世界先进的技术成果，应当在三方合作的框架下，通过技术市场以优惠条件向韩国、中国转让。根据中国多年来技术引进和自主创新的经验，凡是从国外买不到的技术，通过国内自主创新都一一解决了，甚至还可以将自主创新的技术向海外转让。而那些能够在国际市场上买到的技术，由于大家不太重视自主创新的投入，往往长期依赖进口。所以，目前市场上可以交换的技术成果，其价值有效期往往是短暂的。如果在有效期内不能使技术成果的交换价值得到实现，那么，等到技术需求国自己研发成功之后，这些本可以出口的技术便一文不值了。

3. 扩大能源资源和环境领域的投资、贸易合作

加强投资、贸易合作，是扩大三国间能源资源、环境合作的最直接、最有效的途径。中国目前正处于工业化、城镇化加速推进阶段，对能源资源的消耗量增长较快。在能源资源和环境领域有着千载难逢的投资机会。2009 年，中国钢铁、水泥的消费量已分别超过 5 亿吨和 16 亿吨，占全球消费总量的 50% 左右；能源消费总量已达 28 亿吨标准煤。单位 GDP 能源消费量相当于日本的四倍以上，由于能源结构中 70% 为煤炭，二氧化硫等污染物的排放已经给生态环境带来较大影响。空气、水源、土地的污染已经威胁着人类的生存环境，水土流失面积不断扩大，西部干旱、缺水已严重制约着经济发展和人民生活的改善。2008 年中国的城市化率只有 46%，预计到 2020 年达到 60%，2030 年达到 70%，前十年平均每年提高 1.4 个百分点，后十年平均每年提高一个百分点，由此将带动基础设施的大规模投资以及对建材的大量需求。为了降低经济增长对能源资源消耗的依赖程度和对环境的压力，中国正致力于贯彻落实科学发展观，建设资源节约型和环境友好型社会，加大对节能减排和环境治理的投入，加大新能源、新材料的推广应用。我们确定的"十一五"节能减排目标，即 2010 年单位 GDP 能源消耗比 2005 年降低 20%，二氧化硫和化学需氧量（COD）的排放量降低 10%，有可能在今年得到实现。实现这个要求，相当于减少二氧化碳排放 15 亿吨。最近中国政府又主动提出，到 2020 年使单位 GDP 能源消耗降低 40%—45% 的目标，今后一个时期，在节能减排和环境治理等方面的投入将进一步加大。我们欢迎日本和韩国的企业到中国来投资，包括技术装备的更新和改造，节能减排设备的生产和应用，污水、垃圾处理等环境治理，生态环境的改善，等等。据有关部门的研究测算，如果中国现有的主要耗能设备全部采用日本的先进设备加以更新，可节约能源消耗 36% 左右。我们高兴地看到，日本企业在燃煤脱硫设备、污水处理设施、废弃物再利用等项目上，已经在中国有了不少的投资，建成了一些示范性项目。这些项目的实施有效地拉动了日本对华出口，促进了中国的节能减排和

环境治理。希望日本进一步扩大有关方面的投资和合作。如能通过节能环保技术的推广和产业升级，使韩国、中国的单位 GDP 能源消耗逐步接近和达到日本的水平，将对节能和减少碳排放作出重大贡献。

4．通过政府间财政金融合作带动企业间合作

政府间通过设立财政性资金，支持企业间的合作，是扩大企业间合作的催化剂和助推器。20 世纪 90 年代，日本政府曾设立投资协力基金，通过基金的支持和引导，在中国实施了一批建设项目。这些项目采用政府与市场相结合的方式进行，通过市场优选项目，鼓励企业参与，加强政府对项目的监督管理，使这些项目都取得了成功。在协力基金结束之后，由于缺乏政府财政金融政策的继续支持，日本企业对华投资曾一度出现下降局面。总结过去的经验，适应当前发展双边投资贸易的需要，建议在中日韩政府的主导下，设立能源环境投资基金，财政适当给以贷款贴息或担保，从而鼓励企业积极参与能源、资源、环境的投资和合作。中日韩政府应尽快筛选出一批见效快、效益好的投资项目，供企业选择。根据中国正在实施的中部崛起战略、东北振兴战略和西部大开发战略的需要，政府应引导日韩资金更多地投向中国的中西部地区和东北地区，鼓励增加技术密集型、知识密集型项目的投资。

要加快研究中日韩自由贸易区建设的有关问题。通过先启动智库的研究，进而启动政府间的谈判。许多政府间不便于谈的问题，先在智库专家之间进行充分的讨论，把各个国家和企业担心的问题全部提出来，寻求互利双赢的解决方案。现在看来，影响自由贸易区建立的问题无非有三个：一是农产品贸易问题，日韩可能担心中国农产品出口的冲击。实质上这个问题已不复存在。因为目前日韩国内农产品市场进口量已经饱和，需要进口的部分已充斥外国产品，即使放开市场，进口农产品也不会有大的增加。二是服务业领域的冲击，这个领域的担心也没必要。因为目前三国之间在服务业的大多数行业已经开放。三是对历史的认识和国民感情问题。这个问题恰恰需要通过加强经济往来逐步加以解决，

通过加强经济往来，可以扩大共同利益，为增进国民之间的感情奠定基础。这就需要三国的政治家从三国人民的长远利益出发，做出富有远见卓识的决断；应当以中日韩的自由贸易带动东亚自由贸易的发展，以中日韩市场一体化促进东亚市场一体化；同时，把中日韩能源、资源、环境领域的合作放在自由贸易区的框架下来推动，可以起到事半功倍的效果。中日韩作为经济贸易关系越来越紧密的近邻，三国市场的一体化是大势所趋、不可逆转。市场的一体化必将推动三国政治关系的发展，为促进东亚和谐和永久和平作出历史性贡献。

5．通过扩大服务业双向投资带动生产要素的流动

扩大中日韩在能源资源和环境方面的合作，要通过发展各国之间服务业的双向投资来实现。服务业投资的重点应放在物流、咨询、金融、研发、商贸、教育、培训、软件、旅游等方面。服务业的发展能带来人流、物流、资金流规模的扩大，促进生产要素的全面自由流动，为各国之间的能源资源和环境合作提供良好的外部环境。

服务业发展滞后是中国目前经济结构中的突出问题。2008 年，中国服务业增加值占国内生产总值的比重仅为 41%，服务业从业人员占全社会从业人员的比重仅为 34%。服务业比重过低，不仅严重制约了就业规模的扩大，而且妨碍了第一、第二产业的发展，降低了社会生产效率。服务业落后还使经济增长过度依赖第二产业的发展，造成经济增长的能源、资源消耗弹性系数居高不下。目前中国提出要转变经济发展方式，其中的一个重要任务就是改变经济增长过度依赖第二产业的局面，大力发展第三产业。完成这一任务，需要借助于外商投资。日韩两国第三产业发达，有着发展第三产业的经验，应鼓励日韩第三产业企业来中国投资，与此同时，还要鼓励中国的企业到日韩投资，通过双向投资，沟通信息，带动人流、物流扩大，只有这样，才能扩大经济合作规模。应当看到，中国企业目前已经具备了一定的对外投资能力，但是，在接受中国企业投资方面，还存在着一些不对等的情况，包括签证、注册等方

面，使中国企业对日韩投资遇到一些困难，亟待加以改进。

要扩大教育方面的交流合作。目前中国在日本的留学生人数占日外国留学生的 70% 以上。而由于少子化的影响，日本的大学已供过于求，如能扩大对中国学生的招生，则可起到互利双赢的效果。

要扩大中日韩智库之间的交流与合作。针对三国市场一体化进程中遇到的矛盾和问题，开展联合研究，探讨解决问题的办法。通过智库开展咨询业的合作，带动企业间的合作。

积极发展三国之间的旅游业。通过人流的扩大，带动信息流、资金流、物流的扩大。目前，每年来华的日本、韩国游客数量远远大于中国游客到日韩的数量，这只是一个暂时现象。随着中国人民收入水平的不断提高，到海外旅游的人数正迅速增加。相信不久的将来，每年到日韩旅游的中国游客数量一定会大大超过来华的日韩游客数量。三国政府应当为人员往来提供签证等方面的方便。欧洲各国有一个申根协定，获得一个国家的签证即可到其他国家旅行，大大方便了游客。我相信，中日韩三国总有一天也能像欧洲一样，有一个申根协定，为其他国家的居民来三国旅行提供方便。中日韩的有识之士应当为这一天的早日到来贡献智慧，奔走呼号。

6. 联合建立资源节约、环境友好型经济示范区

设立经济技术开发示范区，集中展现资源节约型、环境友好型社会的先进理念、先进技术，展示现代产业实践和现代生活方式，对各国经济社会发展将会起到重要的示范引导作用。中国改革开放 30 年来，曾成功地建设了多种类型的经济技术开发区，在引进外资、扩大出口、产业升级、促进增长等方面发挥了重要作用。扩大中日韩能源资源和环境领域的合作，也应当借鉴这种模式。

一是可以在经济发达、污染严重的地区建立环保产业开发区。环保产业已成为一个规模庞大、迅速成长的新兴产业。中国作为一个后发展国家，应借鉴发达国家先污染、后治理的弯路，使环保产业与现代化同

步推进。在中国的沿海发达地区和中西部重工业城市，可建立环保产业开发区，用优惠政策吸引三国环保企业前来投资，从环保技术研发、环保设备制造、环保工程招标到环保技术市场，形成环保产业的完整产业链，把环保产业开发区打造成为环保产业的孵化器和推进器，成为三国在环保领域开展合作的平台。

二是可以在生态恶劣的地区建立生态环境保护示范区。在中国西部的不少地区，由于干旱缺水而面临着荒漠化的威胁，沙尘暴甚至影响到韩国和日本。恢复这里的生态，需要采取综合措施，包括种草种树，减少人口和牲畜数量，实行轮牧、休牧、禁牧，舍饲圈养等措施。经过多年的摸索，这些地区已经找到了一套有效的恢复和改善生态环境的办法，问题的关键是增加生态建设的投入，这就要采取一些有利于增加投入的社会政策，也需要增加国际方面的援助。日本、韩国在山区绿化方面有着很好的经验，可以在中国推广。如能在一些亟待改造的地区设立若干示范区，把技术措施与政策措施结合起来进行试验，取得成功后再予以推广，将能够收到事半功倍的效果。

三是可以在人口集中地区建立绿色生活方式示范区。随着生活水平的提高，居民生活耗能和污染物排放，给资源环境带来越来越大的压力。倡导低碳的绿色生活方式，成为应对气候变化的一项重要措施，包括推广节能建筑、太阳能利用、水循环利用、采用轨道交通、发展电动汽车、实行垃圾分类处理、减少污染物排放等。通过示范区建设，普及节能环保意识，推广绿色生活方式。

7．在有争议地区协商进行能源、资源的联合开发

中日韩三国水域相连，目前有一些水域、岛礁在划界上存有争议，应通过各国政府的协商，争取和平解决。在没有达成共识之前，中日韩三国应按照双方建交时商定的原则，不应进行任何宣示本国主权的行为，也可以暂时搁置争议，对其资源进行联合开发。这也许是解决问题的可行办法。我们高兴地看到，中日两国政府已经就联合进行海底石油、天

然气开发达成了一些共识。这个问题在三国关系和国民感情上是一个十分敏感的问题，处理起来必须慎之又慎。

8．媒体应当为改善三国之间国民感情作出贡献

由于历史的原因，中日韩三国国民之间存在一些感情纠葛。作为被害方，中韩国民应豁达大度，往前看，把发动侵略战争的少数军国主义分子同日本广大人民分开，把上一代人的罪恶同下一代人分开。作为加害方，日本国民更应当高姿态，承认当年日本的侵略行为。如今法国和德国能够捐弃前嫌，首先是因为德国人民彻底清算了法西斯分子在"二战"时期的罪行，得到了法国人民的原谅。解铃还需系铃人。历史问题终归需要解决。当前的问题在于，各国的媒体作为社会舆论的制造者，作为社会的神经系统，肩负着引导国民感情和情绪的重要责任。站在冷静、客观的立场上，媒体应负起自己的社会和历史责任，为改善三国之间的国民感情作出贡献。促进三国人民的友好感情，增进三国的经济合作，符合三国人民的长远利益和根本利益。因为三国人民作为邻居，是无法选择的。历史经验证明，中日两国和则两利，斗则俱伤。韩国的兴衰命运，又紧紧地同中日两国关系的变化联系在一起。一个负责任的媒体，应把改善三国之间的国民感情同维护本国人民的根本利益统一起来，多做有利于各国人民团结的好事。

我想，只要媒体的责任感建立起来了，他们就会自动选择那些对推动各国改善关系具有积极意义的事情来报道。事实上，具有积极意义的事情要比那些消极的事情多得多。随便举例，去年中国市场对日本经济的拉动作用就有大量可圈可点的新闻；一些日本老人和妇女带着孩子自费到中国西北的沙漠植树，使广大中国人民非常感动；韩国人参加汉语过关考试的人数占所有参加考试的非中国人的一半以上。如果类似这样的新闻报道在各国媒体上见得多了，负面的新闻越来越少了，那么，中日韩三国国民的感情就会自然而然地逐步改善。

　　至于三国政府需要做的事情，那就更多了。目前由政府出面组织的友好活动不少，效果也很好。应当切记，要避免政府煽动国民感情的恶化，这是开历史的倒车，是注定没有前途的。

　　纵观东亚历史，中国的强盛是东亚和平稳定的根本保障。中华民族是热爱和平的民族，中国的国防是以防御外敌入侵为基本理念。当中国统一和强盛的时期，东亚基本处于和平稳定状态；当中国分裂和衰败的时期，东亚也往往陷于战乱之中。在经历了近代历史上长达150年的衰落、分裂和战乱之后，从中华人民共和国成立开始，中国重新走上了统一和强盛的道路。30年的改革开放，使中国的经济有了较大发展。未来的一个历史时期，中国无疑要对东亚乃至全球的和谐、和平发挥重要作用。生活在这样一个时代，我们应感到荣幸，同时应为东亚和世界的持久繁荣、和平作出自己应有的贡献。

第 六 章　日中韩国民情绪情感现状

杉本孝

1. 日中两国国民情绪现状

在第一部分和第二部分中，研讨和论证了今后在进一步推动东亚市场一体化进程中，由于日中韩三国缺乏相互信赖所造成的障碍。本论文主要阐述三国间建立信赖关系的构想，首要的工作就是要厘清日中韩国民情绪情感的现状。

日本对华情绪

图 2-1 显示了 1978 年到 2010 年"日本对中国亲近感的变化"（以下简称"对华亲近感"），图 2-2 则显示了 1986 年到 2010 年"日本对日中关系现状认识的变化"（以下简称"对华现状认识"）。

从图 2-1 可以清楚地看到，对华亲近感最近急剧恶化。日本国民当初对中国很多人都抱有亲近感（图 2-1）。回答"有亲近感的人群"（以下简称"对华亲近群"）比率在 1978 年签订《日中和平友好条约》时

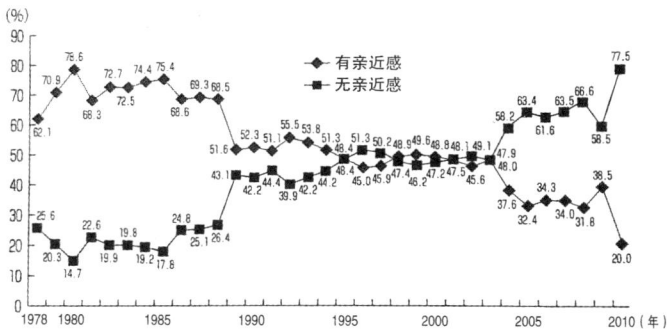

图 2-1　日本对中国亲近感的变化

资料来源：内阁府大臣官房政府广报室《月刊舆论调查》2005 年 3 月第 13—15 页以及内阁府网页《外交相关舆论调查》。

为 62.1%，以宝山钢铁厂为代表的大型技术合作等协议的签署更是提高了对华亲近感比率，到 1980 年时达到了 78.6% 的峰值。1981 年因"成套设备合同取消问题"这一比例有所下降。但是直到 1988 年始终维持在 70% 上下的高水平上。

但是，这个水平在 1989 年急剧下降到 51.6%。日本积极推动让中国早日重返国际社会，而中国转变为"韬光养晦"的慎重姿态。天皇访问中国的 1992 年，对华亲近感已经提高到 55.5%，这是又一个高峰，随后下降的趋势一直持续，到 1996 年下降到 45.0%。在这之后，基本上变化不大，到 2003 年对华亲近感维持在 45%—49% 的水平。

然而，2004 年这一水平急剧下降到 37.6%，2005 年更是低至32.4%。2002 年在重庆举行的亚洲杯足球赛第一轮比赛中，场上出现了对日本球队喝倒彩的局面，后续还发生对日的不满行为。这时，日本国民切实感受到经过战后 60 年，中国国民难以消解根深蒂固的反日情绪。

2009 年，日本的"对华亲近感"比率出现了上升的趋势，但是2010 年围绕钓鱼岛事件，再次下降到 20.0% 的历史最低水平。

以上整理的是日本国民对华情绪的动态，从 1978 年《日中和平友好条约》签订到 1988 年，双方洋溢着友好情谊，此后出现了一些不和谐情况，让日本人切实感受到中国根深蒂固的反日情绪，2010 年钓鱼岛问题，让日本国民感到中国民众对日的敌意。

让我们看一下图 2-2。不同于图 2-1 的调查时间，图 2-2 是1986 年以后实施的调查，两图几乎存在着连动关系。这就是"对华现状认识"强烈地影响了"对华亲近感"，这与后面讨论的韩国情况形成鲜明对比。韩国新总统就任前日本国民就对日韩关系期待甚高，认为关系"良好"的人群在增加，但是在任期间，人数有逐渐减少的倾向。然而，中国的情况是，无论谁出任总书记，都不能由此看出领导人与日中关系现状认识的直接关系，而日中关系受日中间具体事件的影响倾向很强。

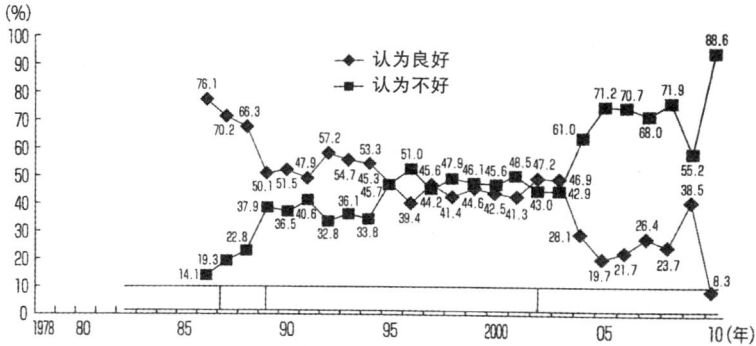

图 2-2　日本对日中关系现状认识的变化

资料来源：　同图 2-1。

　　如果把图 2-1 中回答"有亲近感"的人群（对华亲近层）和图 2-2 中回答"认为良好"的人群（以下简称"日本对日中关系认识良好层"）仔细对比就会发现一个有意思的现象：图 2-1 中，1986 年"对华亲近层"占 68.6%，而图 2-2 中显示在这个时间点，"日本对日中关系认识良好层"有 76.1%，比前者多了 7.5%。这意味着非对华亲近层（回答"没有亲近感"以及没有作答）中差不多有 7.5% 的人，与自身是否有无亲近感无关，对日中关系现状做了良好判断。这种倾向也适用于 1987 年的状况。接着，看看 2010 年，出现了相反的现象。这一年"对华亲近层"有 20.0%，这个时点"对华关系现状认识良好层"只有 8.3%，比前者少了 11.7%。这表明，"对华亲近层"中 11.7% 的人虽然对中国抱有亲近感，但是却认为日中关系的现状并不好。

　　在图 2-3 中再来看看这个事实。把 2-1 中"对华亲近层"的比率与图 2-2 中"对华关系现状认识良好层"的比率放到同一个折线图中显示。图 2-3 表明，直到 1994 年表示亲近感和现状认识的两条折线几乎重合，但是有一半以上的年份"对华关系现状认识良好层"超过"对华亲近层"。然而，1995 年以后情况发生了逆转。只有 2002 年"对华关系现状认识良好层"超过"对华亲近层"一次，2009 年两者数值几乎相同，其他年份都是"对华亲近层"超过"对华关系现状认识良好层"，两者的差距有逐渐扩大的趋势。

从以上列举的事实可以清晰地用图 2-3 中的两条折线区分出三个部分：A 层是两条折线的下部，这一层是"对中国有亲近感，且认为对华关系现状良好"层。也许 A 层较大概率是对改善日中关系持有积极态度的人群。B 层是两条折线中间的部分，这一层"对中国有亲近感，但是认为对华关系现状并不好"，或者是"对中国没有亲近感，但是认为对华关系现状良好"（因后者所占面积很小，在图 2-3 中省略）。也许 B 层较大概率是对改善日中关系持有务实立场的人群。C 层是两条折线的上部，这一层"对中国没有亲近感，且认为对华关系现状不好"。也许 C 层较大概率是对改善日中关系持有消极态度的人群。

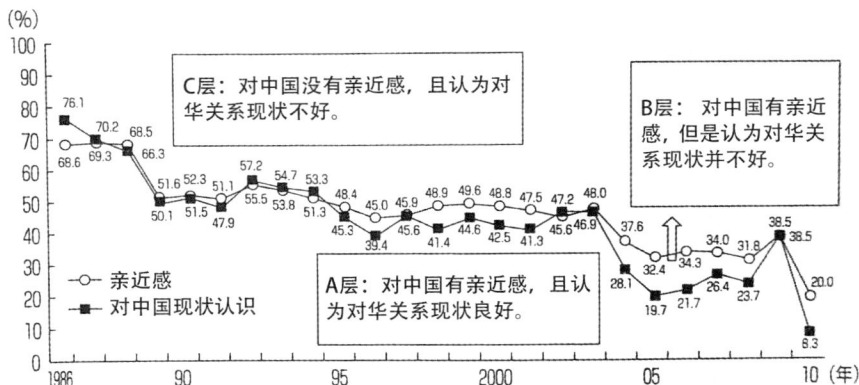

图 2-3　日本对华亲近感和对华关系现状认识的变化

资料来源：根据图 2-1 和图 2-2，由作者绘制。

从图 2-3 中可以看到 1986 年 A 层比例占 68.6%，到 2010 年缩小到 8.3%，同一时期 C 层从 23.9% 增加到 80.0%。也就是说，20 世纪 80 年代，较大概率对改善日中关系持有积极态度的人群约占日本国民七成。到了 21 世纪初，较大概率对改善日中关系持有消极态度的人群约占日本国民八成。这真是戏剧性的变化，不得不说日本国民对华情绪降到冰点。在这样的变化中，可以看到 B 层有扩大的倾向，但这种变化虽然绝不表示存在着认为日中关系改善令人期待的人群，但是至少还有挽救的余地。

从以上的分析中可以看出，日本国民对华情绪在这 24 年间的变化，这一点将与后面讨论的中国对日情绪变化做对比。

中国对日情绪

图 2-4 及图 2-5 分别是"中国对日本印象变化"（以下简称"对日印象"）和"中国对日关系现状认识的变化"（以下简称"对日关系现状认识"）。两图基于 2005 年开始的"言论 NPO"（特定非营利活动法人）的调查制作。与图 2-1 及图 2-2 的内阁府调查相比，这个调查涉及的时间段较短，提问的方式也不相同，所以两者不能简单对比，但是它却是可找到的把握中国国民对日情绪的唯一调查，是推进本章考察至关重要的资料。

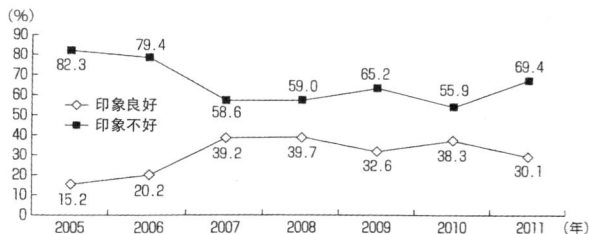

图 2-4　中国对日本印象变化

资料来源：　摘自言论 NPO 主办的《北京—东京论坛》第 1—6 次调查报告，根据 2005—2010 年数据，由作者绘制。

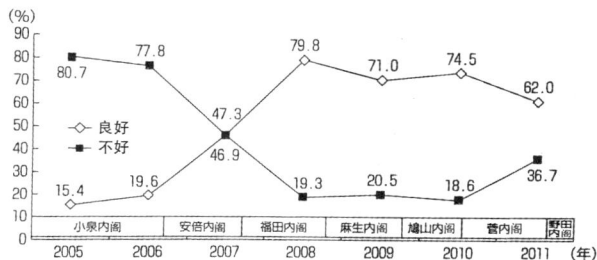

图 2-5　中国对日关系现状认识的变化

资料来源：　同图 2-4。

在"言论NPO"的六次调查中，提问和回答的方式变更了四次，严格意义上，没有保持调查的一贯性。例如，第一次调查中，问"你对日本的整体印象怎么样？"，回答选项给出了七种选择：①非常好；②好；③一般；④不好；⑤很不好；⑥不好说；⑦没有回答。在这之后的几次调查中逐渐改变了回答的选项，如在第五次调查中，针对相同的题目，只给出五种回答选项：①印象良好；②总的来说还是印象良好；③总的来说还是印象不好；④印象不好；⑤没有回答。也就是说，第一次调查中选项①"非常好"在第五次调查的①中变成了"印象良好"，这在程度上明显不同，第五次调查的选项①"印象良好"相当于第一次调查选项①"非常好"和选项②"好"的合并项。而且，在第一次调查中的选项③"一般"和选项⑥"不好说"在第五次调查中没有了，在第一次到第四次调查中回答"一般"或是"不好说"的人被分流到②"总的来说还是印象良好"，或是③"总的来说还是印象不好"的某一个选项中。也许，用选择"一般"或是"不好说"来回避判断的人持续超过30%，起不到调查的作用，导致最终取消了这些选项。

本章根据"言论NPO"的调查数据，把上述问题的选项只设置三个：①好；②不好；③没有回答。然后我们测算一下回答的结果。这个结果有程度上的差异，把肯定的回答都归纳为①好，否定的回答归纳为②不好。而且，把每次调查选择"一般"和"不好说"的回答分别分配到"好"或是"不好"的选项中。这样的分配比率对应每次的肯定回答（第一次调查中的①和②的总和），以及否定回答（第一次调查中的④和⑤的总和）。虽然计算结果有数值上的四舍五入，但是为了最大限度地尊重拐点处的调查数据，与实际情况没有较大出入，且不损害调查的一贯性，笔者认为除此之外没有更好的方法了。据此绘制的图2-4及图2-5在相当程度上正确反映了中国的对日情绪，以此作为假设推动本论文的考察，这个假设肯定没有错误。

从图2-4可以看出，2005年开始到2010年"对日印象"正在发生好转。对日印象回答"好"的人（以下简称为"对日好印象层"或是

"好印象层")从 15.2% 增加到 38.3%，选择"不好"的人（以下简称为
"对日印象不好层"或是"印象不好层"）从 82.3% 下降到 55.9%，分
别有 25% 左右的改善。同一倾向在图 2-5 中也可以清晰看到，在"对
日关系认识现状"中选择"好"的人（以下简称"对日关系现状认识良
好层"或是"现状良好层"）从 2005 年的 15.4% 增加到 2010 年 74.5%，
选择"不好"的人（以下简称"对日关系现状认识不好层"或是"现状
不好层"）从 80.7% 下降到 18.6%，分别有 60% 左右的戏剧性改变。

2005 年"对日印象不好层"是 82.3%，"对日关系现状认识不好层"是
80.7%，均处于极高的水平。因为没有 2004 年以前的调查数据，所以难
以判断这只是特殊情况，还是从以前延续下来的状况。但是，小泉政府于
2001 年 4 月成立，政权建立后，在靖国神社问题上不顾中国的强烈反对，
对中国采取强硬立场，这与 2004 年亚洲杯足球赛对日喝倒彩等反日行为有
很大关系，这可以解释为什么到 2005 年"印象不好层""现状不好层"的
水平比以前有相当大的增幅。

我们再来看看图 2-4 及图 2-5 情况发生好转的情况。前面已经讲
过，图 2-4 的好转情况是 25%，图 2-5 的好转情况变化幅度是 60%，
两者差距极其显著。"对日关系现状认识"受被调查时间点两国关系的
好转影响，而"对日印象"若想取得大幅改善就极难了。

图 2-5 中，"对日关系现状认识"与日本政权更迭有着高度相关。
"言论 NPO"的调查在每年 6-7 月进行，而政权更迭多发生在 9 月，它
给调查结果带来的影响反映在第二年。2006 年 9 月安倍内阁成立，2007
年"现状良好层"从上一年的 19.6% 急剧上升为 47.3%，"现状不好层"
从 77.8% 急剧下降为 46.9%。安倍首相在内阁成立后，马上于 2006 年
10 月访问了中国，这是他继任首相后的第一个出访国家，中国媒体把它
称为"破冰之旅"。被日本媒体形容为"闪电访中"的安倍首相访华与
2007 年 4 月温家宝总理访日相联系，温家宝总理自己把这次访日评价为
"融冰之旅"。安倍首相的姿态使"现状良好层"大幅增加，比亲华派福
田内阁 2007 年 9 月就任时影响还要大。2007 年 12 月福田访华后，2008

年 5 月中国国家主席胡锦涛访日，使得 2008 年的"现状良好层"达到了 79.8% 这一以前不可想象的高水平，同时"现状不好层"急速回落到 19.3%。

　　与"对日关系现状认识"大幅改善相比，"对日印象"的改善停留在较低水平。虽然安倍内阁上台，2007 年的"好印象层"比率从上一年的 20.2% 大幅增加到 39.2%，但是与亲华派福田内阁上台的 2008 年"好印象层"相比，未见明显改观，停留在 39.7% 的水平。2008 年"现状良好层"比率大幅提升到 79.8%，与之形成对照的是两者竟有 40.1% 的差距，这意味着即使继续对日本抱有不良印象，但是也认可与日本关系现状"良好"。这里一个不争的事实是，日本领导人对华姿态可以强烈地影响"对日关系现状认识"，而"对日印象"无论当时日本政权有多么亲华，也不能扭转对日本的不良印象，而这样的人占四成。也许这是历史原因造成的，不得不让人感到与之相连的是日中间的战争记忆。麻生内阁、鸠山内阁上台后，维持着"现状良好层"超过 70% 的高水平，但是"好印象层"不到 40%，中国国民中超过 55% 的人继续对日本抱有不良印象。当然，也不能过低评价"好印象层"从 15.2% 到 38.3%，增幅 20% 以上的改善比率。战争记忆依然十分牢固地占据着对日不良印象，但是 20% 的中国国民心中的中日关系正在逐渐地好转。

　　图 2-6 是把图 2-4 的"好印象层"比率和图 2-5"现状良好层"比率

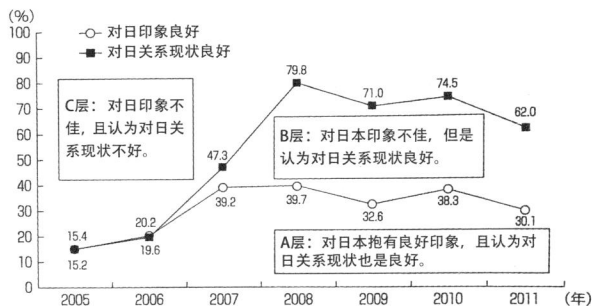

图 2-6　中国对日印象和对日关系现状认识的变化

资料来源：根据图 2-4 和图 2-5，由作者绘制。

绘制在了一张折线图中（见图 2-6）。从这张图中可以看到，到 2006 年为止表示"对日印象"和"对日关系现状认识"的折线几乎重合，2007年以后两条折线开始背离，2008 年以后占比差距扩大到 40%。与图 2-3相同，图 2-6 也是两条折线划分出了三个区域。A 层是两条折线的下部，这一层是"对日本抱有良好印象，且认为对日关系现状也是良好"。也许 A 层较大概率是对改善日中关系持有积极态度的人群。B 层是两条折线中间的部分，这一层"对日本印象不佳，但是认为对日关系现状良好"，或者是"对日本印象良好，但是认为对日关系现状不好"（因后者所占面积很小，在图 2-6 中省略）。也许 B 层较大概率是对改善日中关系持有务实立场的人群。C 层是"对日本印象不佳，且认为对日关系现状不好"。也许 C 层较大概率是对改善日中关系持有消极态度的人群。根据本图可以看到，2005 年只有 15.2% 的 A 层在 2010 年成倍扩大到 38.3%，而同期 C 层从 84.6% 缩小了近 50%。确实出现了戏剧化的改善，这段时间几乎不存在的 B 层占到了 40% 左右。对日印象虽然不佳，但是判断对日关系现状良好的人占到 40%，从这里可以看出中国约有 40% 的国民虽然因对日战争记忆等抱有负面情绪，但还是能走出负面情绪，冷静地判断对日关系现状为良好。

日中两国国民情绪的变化方向

通过以上分析可以看到，日中两国国民情绪的变化方向完全相异。虽然内阁府和"言论 NPO"的调查时间区间不同，不能直接对比，但是大致可以看出，日本对华情绪在恶化，而中国对日情绪在改善。

深思一下图 2-1。前面已经指出 1978 年签署《日中和平友好条约》后，到 1988 年为止日本对华亲近感达到了近 70% 的极高数值，但是不能否认的是，当时中国政府为烘托日中友好的气氛所做的工作取得了效果。当时，中国政府把发动战争的日本领导人和普通国民加以区别，宣传日本国民也是迫不得已卷入战争的受害者，用这个道理来倡导两国人民间的友好关系，不得不说日本国民没有机会了解中国国民真实的对日情绪，误解了中国国民对日抱有的亲近感。到 1988 年为止的高比率对中亲近感，不可否认是双方政府强大导向发生了作用，中国甚至把改善日中关系工作优先于其他一切，与日本政府进行合作。

此后，日本国民对华情绪出现了很强的不和谐感。随着中国经济状况逐渐得到改善，中国国民对日不良情绪出现了"井喷"。至此，日本国民才有机会了解到中国国民真实的对日情绪。亚洲杯的反日喝倒彩、反对日本想加入联合国安全理事会常任理事国以及在钓鱼岛与中国渔船发生冲突等，通过这些事件，日本国民感受到了中国国民根深蒂固的反日情绪和敌意，反射到自己的对华情绪，就是对华亲近感急剧下降。

从以上分析可以看到，日本国民的对华情绪是随着深入了解中国的现实状况、中国国民真实的对日情绪后开始恶化的。也就是说，截至 1988 年的彼此国民情绪是基于对两国恢复邦交关系现状、对彼此国民情绪毫无了解而成的，随着理解的不断深入，看到了不想看到的事实，才导致日本的对华情绪恶化。与之相反，日本对华情绪的恶化并不是因为中国对日情绪的恶化演变而来的。

通过阐述，明确了日中两国彼此在对待对方国家的国民情绪上，产生变化的方向是不同的。本研究在追溯日本对华情绪恶化的脉络中，却发现中国对日情绪在大幅好转。

2．日韩两国国民情绪现状

日本对韩情绪

图 2-7 表示 1978—2010 年"日本对韩国亲近感的变化"（以下简称"对韩亲近感"）情况，图 2-8 表示 1986—2010 年"日本对韩关系现状认识的变化"（以下简称"对韩关系现状认识"）情况。笔者并没有对日韩关系进行持续性的关注，且相关知识也并不多，所以以下论述也许存有错误。期待有识之士给予指正。本文基于确凿的数据，在常识的范围内，从理论上以事件为中心展开阐述。

从图 2-7 中可以清楚地看出，"对韩亲近感"在 20 世纪 90 年代以后急剧上升。除了汉城（首尔）奥运会召开的 1988 年是唯一的例外，1978—1997 年回答对韩国"感到亲近"的日本国民比率（以下简称"对韩亲近层"），始终在 35%—45% 徘徊。1998 年，"对韩亲近层"的比率开始呈上升趋势，这是因为金大中总统就任后，采取了对日本文化的开放政策。特别是 2002 年日韩两国共同举办世界杯足球赛、2003 年《冬日恋歌》掀起了"韩流"热，2004 年"对韩亲近层"达到了有史以来的最高点 56.7%。之后，卢武铉总统展开对日历史的批判，"对韩亲近层"比率一时有所下降。但是，李明博总统就任后的 2009 年再次创造历史最高点 63.1%，此后一直维持高水平。也就是说，"对韩亲近层"在 20 世纪 90 年代前半期徘徊在 40% 左右，20 世纪 90 年代后半期出现了大幅的提升，2009 年以后超过 60% 的高水平。

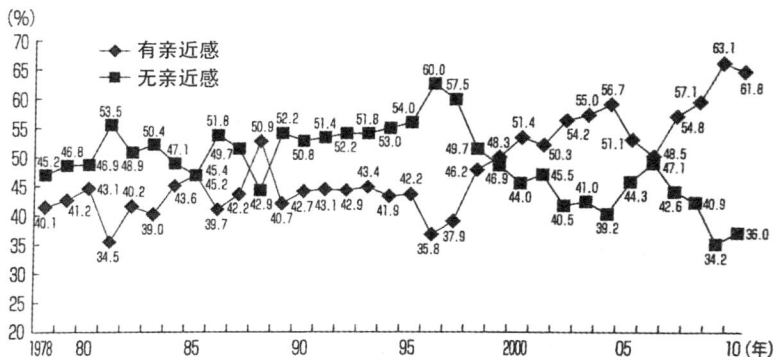

图 2-7　日本对韩国亲近感的变化

资料来源：　内阁府大臣官房政府广报室编《月刊舆论调查》2005 年 3 月，第 17—19 页以及内阁府网址"外交相关舆论调查"，2010 年 10 月。

图 2-8 显示了"对韩关系现状认识"的变化，与中国的情况不同，它与图 2-7 的连动性不强。饶有兴趣的是，图 2-8 中关于"对韩关系现状认识"选择"良好"的人（以下简称"对韩关系现状认识良好层"或"现状良好层"）与图 2-7 中显示的"对韩亲近感"相比，折线波动极

大，而且这个振幅还有逐渐扩大的趋势。图2-8比图2-7振幅大，而
"对韩亲近感"的比率相对不变，这暗示着"现状良好层"的比率受时
事影响极容易发生变化。图2-8振幅区间有扩大的趋势，暗示着"对
韩亲近感"比率呈上升趋势，但"现状良好层"的比率根据情况随时有
可能下降到原来的水平。

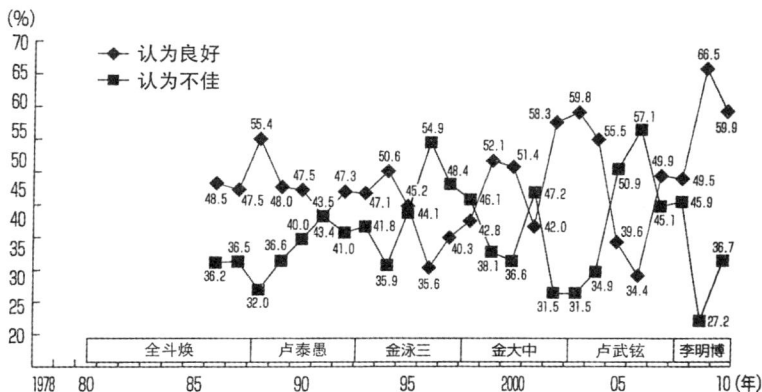

图 2-8　日本对韩关系现状认识的变化

资料来源：　同图 2-7。

如果考虑图 2-8 数据与同时期韩国领导人的关系，可以发现一些
有意思的事情：首先，关于"对韩关系现状认识"，因为"现状良好层"
和"现状不好层"几乎表里对应，以下分析一下那些选择"现状良好
层"的动态。看"现状良好层"，就会明白1991年以后每五年出现一次
底部的原因，以及1988年以后每隔4—6年就会出现顶部的原因。把这
个事实与图 2-8 中所示总统任期做对比会看到，无论哪个总统在任期的
第一或第二年，"现状良好层"的比率都会达到峰值，几年后比率下降
形成谷底，在卸任前由谷底回到较好水平。

这个问卷调查覆盖了从卢泰愚到卢武铉的四位总统任期，"现状良
好层"在这四人的任期中都有上述的变化特征，这就说明这些并非偶
然，应该考虑造成这种结果的机制是什么。笔者的专业并不包括日韩关

系，所以没有能力阐明机制原因，但事实是这种相同变化值得深思。笔者期待未来能有专家来解释机制上的问题。

但是，在专家们解释机制因素之前，也许可以允许笔者谈谈常识层面的感想。在四位韩国总统就任不久后之所以形成"现状良好层"峰值，然后逐渐下降，两三年后又形成底部，是容易理解的常识。改善对日关系是所有韩国总统的重要任务，按照惯例要在就任时首先提出来。事实上，韩国总统很多时候都采取了积极的施政方针，这从日本国民的认知上有所反应，"现状良好层"就呈现上升趋势。然而，这样的施政方针并没有始终如一地贯彻下去，不变的事实是当两国间的冲突又一次出现时，"现状良好层"就会开始减少。至此的变化轨迹是符合常识、可以理解的，但是"现状良好层"在某一个时点形成底部，在任期结束前又朝着增加方向反弹时，在常识范围就难以理解了。也可能两国人民对恶化的日韩关系感到忧虑，经过努力已使对日关系得到改善，其结果在日本国民意识上有所体现，但是笔者的知识不足难以判断是否存在这样的机制，这一点希望专家能够作出解释。

与这一点有关，有必要关注下金大中总统在任时的"现状良好层"。金大中总统在任时的"现状良好层"在就任的第二年，1999 年时达到52.1%的峰值，在就任的第四年，2001 年达到42.0%的谷底。这与其他几位总统的波动几乎相同，不同的是"现状良好层"的水平在马上就要卸任的 2002 年上升到 58.3%。这可能与同年日韩共同举办世界杯足球赛的积极影响有关。不过，这个水平比刚刚就任后的峰值高出 6.2%，达到历史最高水平，而其他总统任期内没有出现过这种情况——在即将卸任时创下任期内的最高纪录。这表明，金大中总统在改善日韩关系方面作出了重要贡献。

卢武铉总统继承金大中路线，在就任后达到 59.8%的峰值，但是之后骤然下降，卢武铉总统在"三·一独立运动"纪念日时发表了批评日本的演说，2006 年达到了历任总统最低的 34.4%的水平。作为

金大中总统的继任者，卢武铉总统被人们寄予厚望，但是其表现可以
说与期待大相径庭。然而，在卢武铉卸任前恢复到了 49.9% 的水平
后，李明博总统上台。李明博总统刚刚就任后的"现状良好层"与前
任执政末期基本持平，在第二年 2009 年达到 66.5% 的峰值。2010 年
虽然下降到 59.9%，但还是高于金大中总统在任时的峰值，依然维持
了最高水平。

从以上可以看出，日本国民对日韩关系现状的认识是，每个韩国领
导人在任职期间给日本国民的印象都会发生较大变化。这一点已经在前
文中做了表述，与中国的情况大不相同。

图 2-9 把图 2-7 的"对韩亲近层"与图 2-8 的"对韩关系现状认
识良好层"绘制在了一张折线图中。图 2-9 与图 2-3、图 2-6 一样，两
条折线划分出三个区域。A 层是两条折线的下部，这一层是"对韩国抱
有亲近感，且认为对韩关系良好"。也许 A 层较大概率是对改善日韩关
系持有积极态度的人群。B 层是两条折线中间的部分，根据两条折线处
于上部位置不同，可以划分出 B 层和 B′层。当亲近感折线在现状认识
折线之上时，B 层表示"对韩国抱有亲近感，但是认为对韩关系现状不
佳"层。当现状认识折线在亲近感折线的上部时，B′层表示"对韩国不
抱有亲近感，但是认为对韩关系现状良好"层。也许 B 层和 B′层较大
概率是对改善日韩关系抱有务实立场的人群。C 层是两条折线上部的空
间，表示"对韩国没有亲近感，且认为对韩关系不佳"层。也许 C 层较
大概率是对改善日韩关系持有消极态度的人群。

A 层从 1986 年到 1995 年几乎维持着超过 40% 的水平，但是 1996
年下降到 35%。不过，之后即使波动有所反复，仍可见趋势性改善，
2010 年达到 60%，实现了提升 20% 的大幅改善。C 层自 1986 年到 1995
年在 50% 上下的水平徘徊，但是 1996 年扩大到 65% 的水平，之后逐渐
缩小，2010 年缩小至 40% 上下的水平。从这幅图可以清楚地看到，到
1996 年只出现 B′层，但是 1997 年以后出现 B 层的频率增加，且面积在
扩大。直到 1996 年，"对韩关系现状认识良好层"多次超过"对韩亲近

层"，但是 1997 年以后出现逆转，"对韩亲近层"多次超过"对韩关系现状认识良好层"。

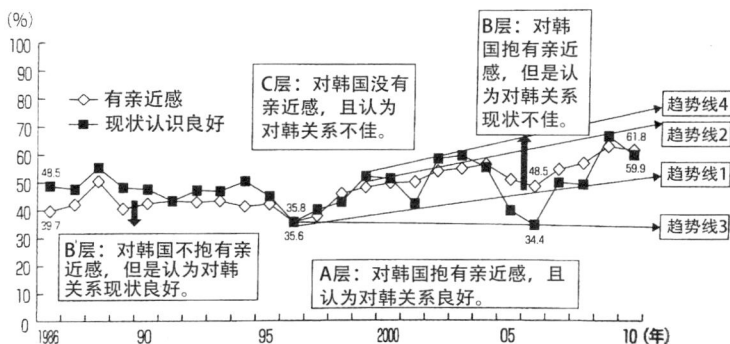

图 2-9 日本对韩亲近感和对韩关系现状认识的变化

资料来源： 根据图 2-7 及图 2-8，由作者绘制。

再回过头来看一下图 2-9 中两条折线在 1996 年以后的变化情况。"对韩亲近层"在这段时间形成了三次谷底和高峰。连接 1996 年和 2006 年的最低点，画出趋势线 1。连接 2000 年和 2004 年出现的最高点，画出趋势线 2。"对韩亲近层"是 1996 年以后 14 年间趋势线 1 和趋势线 2 围成的范围，今后有较大概率在这两条线的延长线形成的范围间浮动。用同样方法，依据"对韩关系现状认识良好层"可以画出趋势线 3 和趋势线 4。"现状良好层"在这 14 年间，在趋势线 3 和趋势线 4 围成的范围内浮动，今后有较大概率仍在这两条线的延长线形成的范围间浮动。

根据以上分析，日本的"对韩亲近层"在 1996 年确实有大幅的好转，今后继续维持这种趋势的可能性很大。而且，"对韩关系现状认识良好层"伴有相当大的振幅，它随"对韩亲近层"的变化而变化。今后，如果李明博政府出现了谷底，有可能与卢武铉政府时期的谷底连线，形成新趋势线，较之现在虽然只是微小变化，但是却已经显示出了下降趋势的趋势线 3 来，它是一条直线上升的趋势线。到那时，"对韩关系现状良好层"较大概率在新趋势线和已有的趋势线 4 形成的范围间变化。因此，可以得出结论，日本对韩感情今后继续得以改善的可能性很大。

韩国的对日情绪

图 2-10 显示"韩国对日好恶感变化"（以下简称"对日好恶感"），图 2-11 显示"韩国对日关系现状认识的变化"（以下简称"对日关系现状认识"），两者均是日本广播协会（NHK）广播文化研究所所做的调查（为了便于与其他各图比较，省略了该研究所调查中"不明白"这一选项）。与内阁府调查相比，虽然调查的时间点只有三个或是两个，不可能仔细分析时间序列上的具体变化，但还是有可能把握变化趋势的大局。而且，它是了解韩国国民对日情绪变化的唯一到手的调查，对推进本稿写作来说是极其重要的资料。

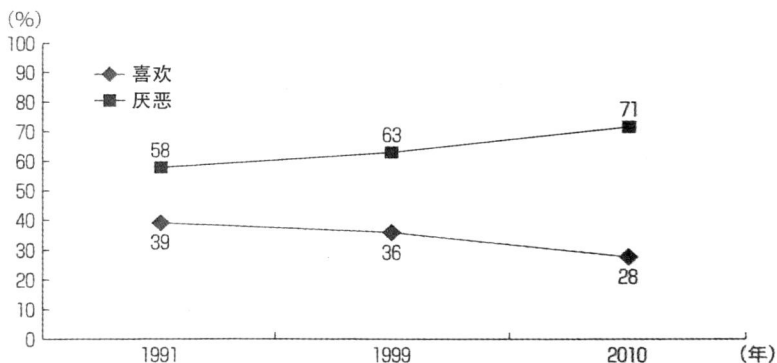

图 2-10　韩国对日好恶感变化

资料来源：广播文化研究所舆论调查部《2010 年日韩民意调查结果概要》，2010 年 7 月。

如图 2-10 所示，从 1991 年到 2010 年的 20 年间，韩国"对日好恶感"在恶化。回答对日本"喜欢"的人群（以下简称为"对日好感层"）

从 39% 下降至 28%，下降了 11%，回答"厌恶"的人群（以下简称为
"对日厌恶层"）从 58% 上升到 71%，增加了 13%。这与图 2-7 所示日
本"对韩亲近层"的变化迥异。如图 2-7 所示，日本的"对韩亲近层"
从 1991 年的 43.1% 上升到 2010 年的 61.8%，而韩国"对日好感层"则
是完全相反的变化。而且，这一变化在 1999 年以后更是比以前还要剧
烈，与日本"对韩亲近层"的比率在 1998 年金大中总统就任以后大幅
改善形成了鲜明的对比。

再看一下图 2-11，从 1999 年到 2010 年韩国"对日关系现状认识"
出现些许恶化。认为现状良好的人群（以下简称"对日关系现状认识
良好层"，或者"现状良好层"）从 43% 下降到 40%，认为现状不佳的
人群（以下简称"对日关系现状认识不良层"）从 58% 增加到 60%。这
与图 2-8 所示日本"对韩关系现状认识"变化有着方向性的不同。图
2-8 中，日本的"对韩关系现状认识良好层"从 1999 年的 52.1% 提高
到 2010 年的 59.9%，改善幅度 7.8%，虽然看上去并不大，但是如果考
虑到 1999 年是金大中总统刚刚就任后的峰值，这已是相当大的改善了。
与之对照的是，韩国"对日关系现状认识"的变化很小，但是出现了正
相反的趋势，两国国民对双边关系现状的认识完全不同。

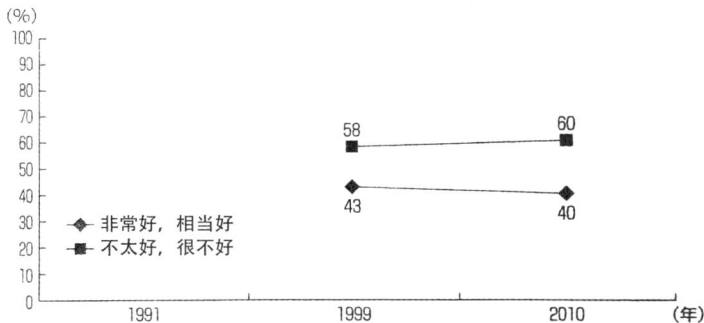

图 2-11　韩国对日关系现状认识的变化

资料来源：同图 2-10。

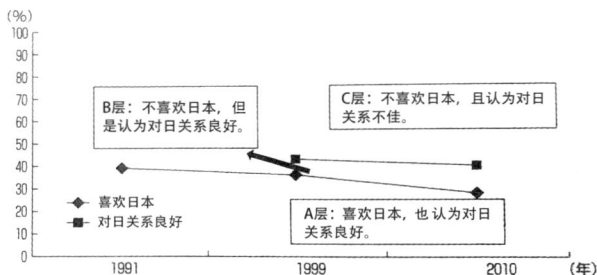

图 2-12　韩国对日好恶感和对日关系现状认识的变化

资料来源：根据图 2-10 及图 2-11，由作者绘制。

　　图 2-12 是把图 2-10 选择"喜欢"的"对日好感层"和图 2-11 选择"厌恶"的韩国"对日关系现状认识良好层"的两条折线绘制在了同一张图表中。虽然调查的时间点很少，难以做严密的分析，但是可以确认变化趋势。与图 2-9 同样，图 2-12 也是用两条折线共划分出 A 层、B 层、C 层三个部分。A 层是两条折线的下部，这一层是"喜欢日本，也认为对日关系良好"层。也许 A 层很大概率是对改善日韩关系抱有积极态度的人。B 层是两条折线的中间部分，这一层是"不喜欢日本，但是认为对日关系良好"层。也许 B 层很大概率是对改善日韩关系抱有务实立场的人。C 层是两条折线上面的部分，这一层是"不喜欢日本，且认为日韩关系不佳"层。也许 C 层是对改善日韩关系抱有消极看法的人。

　　根据图 2-12 可以看出，从 1999 年到 2010 年 A 层比率从 36% 减少到 28%，C 层从 57% 增加到 63%。也就是说，对改善日韩关系大概率持有积极看法的人减少到三成以下，对改善日韩关系大概率持有消极看法的人占到了韩国国民的六成。

日韩两国国民情绪变化趋势

　　通过以上研究，可以明确日韩两国国民情绪变化的方向是截然相反的。内阁府和日本广播文化研究所的调查虽然在调查对象和调查频率上不同，导致不能直接对比，但是从总体来看，日本对韩情绪大幅好转，而韩国的情况则是对日情绪变化虽然很小，但是不得不说有恶化趋势。

预测今后的变化，笔者认为根据后续调查的情况会有不同变化。日本对韩情绪从目前积累的数据来看，未来有较大可能进一步改善，韩国对日情绪将会如何变化，由于调查数据太少，难以预测。期待着日本广播文化研究所能够更频繁地实施问卷调查，但是作为实质性对策，内阁府应该加强相关国家对日国民情绪的问卷调查。只有这样，才能做到对相关国家之间的国民情绪变化有双向的、立体的掌握。

3．日中韩三国间经济关系与国民情绪现状

日中间贸易比率变化与国民情绪变化的关系

依据上述考察，可以基本把握日中间、日韩间国民情绪变化的大局，那么三国间国民情绪与三国间经济关系存在怎样的关系呢？为了解释这个问题，用图表呈现了日中韩眼中彼此之间的贸易比率变化，作为参考，也加入了对美贸易比率。

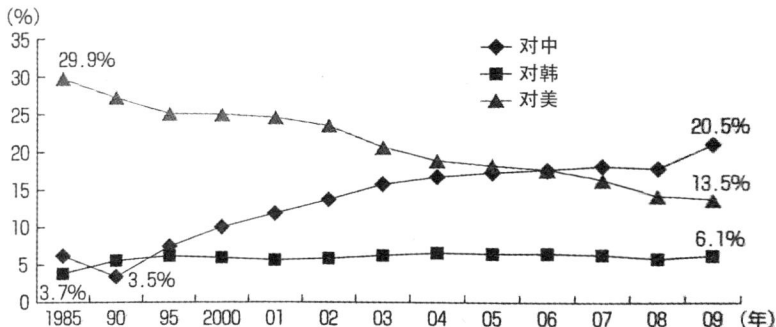

图 2-13　日本对中韩美贸易比率的变化

图 2-13 显示了日本对中韩美贸易比率的变化。从这张图中可以看到，日本对美贸易从 1985 年的 29.9% 下降到 2009 年的 13.5%，而对华贸易从 1990 年的 3.5% 上升到 2009 年的 20.5%。中国在 2007 年取

代美国，成为日本最大的贸易伙伴，随后日本对华贸易比率一直维持上
升趋势，可以预测日本对华贸易依存度今后会更高。但是，如图 2-14
所示，中国对日贸易比率从 1985 年的 27.2% 大幅下降到 2009 年的
10.4%，日本在 2004 年把中国的最大贸易伙伴国地位让给了美国。中国
与最大贸易伙伴美国的贸易比率在 2006 年达到顶峰 15.8% 后，一直是
持续下降的趋势，这说明在全球化经济中中国的贸易伙伴呈现更加多样
化趋势。作为结果，日本对中国的存在感相对更低了。

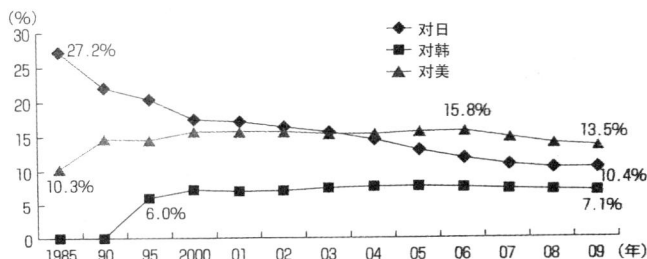

图 2-14　中国对日韩美贸易比率的变化

　　表 2-1 说明了以上日中间贸易比率的变化以及与前面阐述过的两国
国民情绪变化的对应关系。通过这个表可以看到，从日本看对华贸易比
率大幅上升，双方把从商业活动中获取的利益与本国国民分享，则会让
对方国家的国民产生良好印象。

表 2-1　日中两国贸易比率变化和国民情绪变化

	对对方贸易比率的变化	对对方国民情绪的变化
从日本角度看变化	大幅上升	大幅恶化
从中国角度看变化	大幅下降	大幅改善

资料来源：依据本章研究，由作者绘制。

日韩间贸易比率变化与国民情绪变化的关系

　　由图 2-13 可知，日本与韩国的贸易比率在 1985 年仅有 3.7%，

1995 年提高到 6.2%，之后 2009 年降到 6.1%，然后就停留在这个水平上。也就是说，韩国始终是日本第三大贸易伙伴，可以说日韩保持着稳定的通商关系。但是，如图 2-15 所示，从韩国角度来看，与日本的贸易比率大幅下降。1990 年，韩国对日贸易比率占 23.1%，日本仅次于美国是韩国第二大贸易伙伴。但是，1992 年韩中建交后，韩国与中国的贸易比率急速上升，终于在 2004 年中国超过美国成为韩国最大的贸易伙伴。2009 年，韩国对华贸易比率达到 20.5%，对日贸易比率下降到 10.4%。因为与美国的贸易比率显著降低，所以日本好不容易保持住了与韩国第二大贸易伙伴的地位。对韩国来讲，对日依存度只有对华依存度的一半。

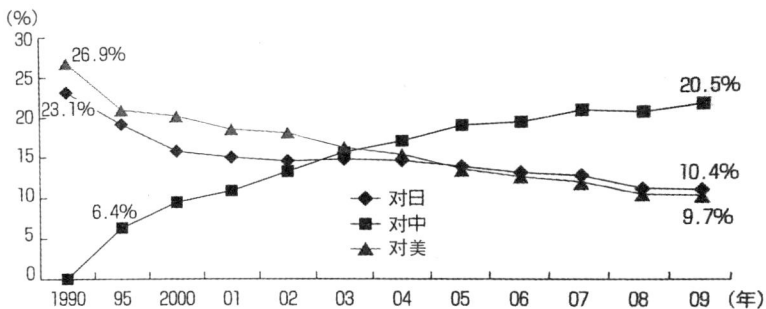

图 2-15　韩国对日中美贸易比率的变化

资料来源：　图 2-13、图 2-14 和图 2-15，均是根据日本贸易振兴机构出版的《日本海外市场调查会贸易投资白皮书》中各年数据，由作者绘制。

表 2-2　日韩两国贸易比率变化与国民情绪变化

	与对方国家贸易比率变化	与对方国家国民情绪变化
从日本角度看变化	停滞	大幅改善
从韩国角度看变化	大幅下降	稍微恶化

资料来源：　根据本章研究，由作者绘制。

与之相对，从韩国角度来看，虽然韩国对日贸易比率大幅下降，但是韩国对日情绪只是稍微出现恶化。这是本来就该有的关系呢，还是一切逻辑关系并不存在呢？难下结论。从韩国角度看，如果对日贸易比率大幅下降，那么通过对日通商获得的各种利益就会减少，结果导致韩国对日国民感情稍微恶化，这是易于理解的，但是难以断言两者间存在较强相关性。无论如何，在贸易比率大幅下降的情况下，韩国对日国民情绪没有产生大的波动，绝不能说是危险状况，没有必要杞人忧天。

日中间、日韩间国民情绪的背离与日本对策

通过以上分析，可以看到日中间以及日韩间的国民情绪的确存在着偏离。图 2-3、图 2-6 与表 2-1 说明，在日中两国间，日本对中国国民情绪在急速恶化，但是中国对日本国民情绪却在急速改善，变化的方向截然相反。此外，图 2-9、图 2-12 与表 2-2 说明，在日韩两国之间，日本对韩情绪在急速改善，但是韩国对日情绪却多少出现了恶化。

前面已经说过，日本对华国民情绪是随着深入了解中国政治真实状况、中国国民真实的反日情绪后逐渐恶化的。在这个意义上，可以说日本国民对中国的了解在不断加深，但是又不得不说这种了解处于模棱两可的阶段。日本人开始认识到中国人对日本抱有根深蒂固的反日情绪，有时甚至是敌意，遗憾的是，原因到底是什么呢？此时此刻，日本国民还没有做到在探究原因的基础上去试图理解中国。未曾经历战争的新一代不能理解为什么中国竟然这么憎恨日本，在亚洲杯足球赛、日本提出加入联合国安全理事会常任理事国之际，面对中国民众表现出的激烈反日情绪，他们只能用蛮横无理来评价。在日中战争中，日本军人给中国人民的生命、财产造成了莫大的伤害，但是他们中的很多人没有正面地把这种残酷的人生经历传达给下一代，就离开了人世。日本历史教育的现状是，初高中的历史课从古代史开始讲起，到第一次世界大战是一个时间点，几乎没有涉及第二次世界大战中日本给亚洲各国带来了怎样的伤害。所以，生于战后的人们，对日本是侵略者的意识很模糊，也缺乏为父母、祖父母一代酿下的错误承担责任的意识。日中间国民情绪的背离，我认为应该从历史脉络中寻找原因。

　　日韩两国间的国民情绪与日中两国相比也许相对要好一些。日本曾经吞并韩国，实行殖民统治，但是两国没有开战。日本剥夺韩国国民生命、财产的程度较之中国相差悬殊。笔者认为这是韩国对日情绪没有中国那么激烈的根本原因。韩国民众在生命、财产方面受到的侵害可能较少，但是在文化层面遭受的压迫，如创氏改名、皇民化教育等比中国更彻底，因此反日情绪渗透到社会的各个角落。虽然日本对韩情绪出现大幅好转，但是韩国对日情绪还在继续恶化的事实不容小觑。

　　卢武铉总统在 2006 年"三·一独立运动"纪念日时发表演说，他指出："日本已经谢罪。我们没有要求反复谢罪。我们只是要求与谢罪相应的行动。……日本是'普通国家'，如果想成为'领导世界的国家'，不是修改法律，强化军备，而是首先付诸合乎人类良心和理性的行动，确保获得国际社会的信赖才是正确的道路。"

　　卢武铉总统的对日批评全面否定了战后日本的方向，这是否妥当有必要慎重考虑。但是，邻国总统在公开场合如此彻底地批评日本，韩国国民没有任何抵触全然接受的事实，是我们日本国民必须坦率对待的。韩国对日批评的深层心理，从根本上是与中国一致的。人与人之间，如果没有接受谢罪，这件事就没有结束。倘若受害方表示"已经充分谢罪，没有必要再谢罪了"，那么谢罪可以结束。如果侵略方觉得"不是已经多次谢罪了吗"，那么以往的谢罪都化作泡影。国与国之间的认识没有变化。日本多次重复这样的愚蠢行为。在这个意义上，对中国的谢罪还远没有结束。日本要有最终承担前辈错误的觉悟和责任，如果条件具备了，只要被要求，任何时候都会反复谢罪的国家才真正的强大。那么才能实现日中韩真正意义上的和睦相处，这才是日本赢得国际社会尊重的唯一对策。

第三部分

怎样实现真正的日中睦邻友好

第 一 章　东亚市场一体化现状

杉本孝

1．具有异质性的东亚诸国

根据本书第一部分研讨会实录和第二部分有识之士的研究成果，我们明晰了东亚市场一体化的现状，即虽然通过贸易、投资建立起来的相互依存的关系取得了相当大的进步，但是与欧洲相比，制度化建设没有进展。借用浦田秀次郎教授的说法就是"市场主导型"的一体化有进展，然而"制度主导型"的一体化没有进步。从经济诱因来看，东亚市场一体化是合理的，基于各个企业的判断，已经以各种各样的形式形成了国际化生产工序分工，但是由政府所做的制度化的政治性努力还没有与之相应的作为。

究其原因，傅高义教授认为，与欧洲各国间存在较高同质性特征相比，东亚各国间缺乏这种同质性。确实，欧洲拥有罗马法和基督教，存在共同的文化、历史纽带，虽然国家不同，但是欧洲各国有共同的思考方式。而且，第二次世界大战结束后，在西欧各国之间开始欧洲一体化的时候，已经存在苏联、东欧这些"来自外部的共同威胁"。另外，冷战激化，对第三次世界大战的恐惧强烈影响着人们的思考。看到投落在广岛和长崎的原子弹的威力，人们意识到如果爆发第三次世界大战，将会导致人类的灭亡。也就是说，当时西欧各国间，不推动经济、政治一体化，也许人类难以生存下去，这种迫在眉睫的危机感四处蔓延，成为推动一体化向前的原动力。

但是，东亚在第二次世界大战后的状况却大相径庭。日中韩三国间可见儒学、佛教等文化、宗教的相通性，历史上也有一定的联系，而在东南亚各国间就很缺乏这种联系。东南亚各国在佛教影响这一点上，与日中韩存在一致性，但是儒学的影响很小，伊斯兰教的影响却相当强烈，

所以东南亚各国和日中韩间在文化、习俗方面有着鲜明的差异。同是遭
到了西欧列强的入侵，东南亚诸国（泰国除外）被殖民地化，这与日中
韩三国虽有程度上的差异，但它们还是保持了独立（韩国在 1910 年被
日本吞并，但是并不同于殖民地化）。由此可见，日中韩和东南亚各国
很难说有相同的历史。

关于"来自外部的共同威胁"，东亚的情况和欧洲差异很大。确
实，存在着苏联及东欧这一"来自外部的共同威胁"。欧洲地理中存在
着西欧和东欧之间的"共同界限"，而整个东亚并不存在。如果说存在
着"共同界限"，那么东南亚的社会主义圈和自由主义圈就是这条界限。
在这个意义上，1967 年印度尼西亚、泰国、马来西亚、新加坡、菲律宾
作为创始成员国成立了东南亚国家联盟（简称"东盟"），它就是要维护
自己的利益而联合在一起的。在这个范围中存在着"来自外部的共同威
胁"，这暗示着把一体化视作必需的客观局面还是相对形成了。

至于国家规模、经济发展阶段这些方面，东亚及东南亚的异质性相
当突出。东亚及东南亚有人口 13 亿、国土面积 960 多万平方公里的中
国；有人口 500 万、国土面积 710 平方公里的新加坡（比东京 23 区稍
微大些）；有人均 GDP 超过 39000 美元的日本，也有不足 600 美元的缅
甸。而无论人口、国土面积、经济水平中的哪一项，西欧各国与东亚及
东南亚相比都会显示出很高的同质性，东亚及东南亚各国若以一体化为
目标，彼此的条件差异过大。因此，东亚市场一体化和欧洲相比滞后也
是无可奈何的事情。

2．对一体化积极的东盟和消极的日中韩

前面已经讲过，东亚市场一体化动向可以把 1967 年成立的东南亚
国家联盟视作端倪。东盟创始成员国有五国，1984 年文莱、1995 年越
南、1997 年缅甸和老挝、1999 年柬埔寨相继加入，增加到了十个国家。
1995 年以后加盟的越南、缅甸、老挝、柬埔寨全都属于 1991 年苏联解
体后加入的社会主义国家。其中，越南和老挝现在也自称是社会主义国

家。这两个国家深受中国改革开放的影响，从计划经济大胆引入了市场经济体制。

1989 年以亚太区域内经济合作为目的召开了亚太经济合作组织第一次会议，日中韩、东盟 6 国以及澳大利亚、新西兰、美国、加拿大等 12 个成员参会。之后，中国、中国香港、中国台北进入，1993 年墨西哥、巴布亚新几内亚，1994 年智利，1998 年秘鲁、俄罗斯、越南加入，现在共有 21 个成员。

1994 年亚太地区以政治和安全对话为目的，召开了"东盟地区论坛"（ARF），截至 2010 年共举行了 17 次部长级会议。ARF 现有成员共计 27 个，欧洲委员会也加入其中。1996 年首届亚欧首脑会议（ASEM）召开，旨在强化东亚和欧洲关系，到 2010 年，共召开八次领导人会议，亚欧共计 46 个成员和两个组织参加。

为推动东亚市场一体化、加强对话，各种各样的组织和论坛应运而生，但是其中没有一个是日中韩发挥核心作用的团体。所有的组织、论坛，只要与东盟成员国相关，东盟就会发挥主导性作用，日中韩几乎都是受邀参与其中。这就是"东盟坐在驾驶席上"评价的缘由。

日中韩领导人会议也是在东盟的倡议下得以实现的。如上所述，东盟不断努力加强与域外的对话，1997 年以纪念其成立 30 周年为契机，为加强与东北亚对话，呼吁日中韩召开"日中韩·东盟领导人会议"，使"东盟＋3"对话得以召开。在第一次和第二次领导人会议上，没有设置只有日中韩参加的会议，1999 年在举行第三次"日中韩·东盟领导人会议"之际，首次以早餐会的形式日中韩独立召开领导人会议。借用大河原良雄先生的一句话，日中韩领导人会议是在"东盟＋3"的"屋檐"下召开的。也就是说，日中韩三国间的对话并非基于三国自身的主体意识，而是在东盟的倡议下，借用与东盟对话的会场才得以实现的。

也许东盟在努力迈向市场一体化的进程中做出了判断，它并没有让市场一体化止步于东盟内部，而是想把市场一体化拓展到整个东亚，所以有必要强化与东北亚的合作，推动日中韩改善相互间的关系，加强对话。没有东盟发挥积极作用，也许召开日中韩领导人会议将会更晚。日中韩领导人会议脱离借用其他国际会议"屋檐"的形式，首次独立召开"日中韩峰会"，即"日中韩领导人会议"，2008 年 12 月在日本福冈，2009 年 10 月在中国北京，2010 年 5 月在韩国济州岛，2011 年 5 月在日本东京，到目前为止共召开了四次"日中韩峰会"。第二次世界大战结束后，东南亚各国领导人为加强地区对话，1967 年成立了东盟，实际上 41 年后日中韩领导人才逐渐认识到东北亚领导人对话的必要性，过渡到执行层面。

自由贸易协定的动向也是东盟在前。1992 年就创立"东盟自由贸易区"达成一致，有序推动实行共同有效特惠关税、降低关税等措施，东盟 6 国在 2010 年 1 月对几乎所有品种的商品废除了关税。新成员国越南、缅甸、老挝、柬埔寨等计划在 2015 年 1 月废除关税。

受到东盟触动，日中韩分别与东盟签订了自由贸易协定（以下包含"经济伙伴关系协定"，EPA）。中国与东盟在 2002 年 11 月签订了《中国与东盟全面经济合作框架协议》，计划到 2010 年创设自由贸易区，2004 年 1 月开始下调农产品关税（"早期收获计划"），2005 年 7 月《货物贸易协定》生效。韩国与东盟的谈判始于 2005 年 4 月，2007 年 6 月《货物贸易协定》生效，2009 年 6 月《服务贸易协定》生效。日本和东盟也是同在 2005 年 4 月开始谈判，2008 年 12 月《日本与东盟全面经济合作协议》生效。这样，日中韩均与东盟签署了自由贸易协定，而且从谈判开始并没有经过几年就得以实现。

不过，日中韩三国间还没有签署自由贸易协定。浦田秀次郎教授指出，日中韩自由贸易区的提案是在 1999 年 11 月东盟与日中韩领导人会议期间三国领导人早餐会上提出的，2001 年民间研究机构开始联合研究，一直持续到 2009 年。其间，2002 年 11 月日中韩与东盟领导人开会时，中国总理朱镕基非正式地提出了日中韩签署自由贸易协定的议案，当时的小泉首相想先弄清中国加入 WTO 后的应对，所以对此采取了消极姿态（中国在 2001 年 12 月加入 WTO）。2009 年民间研究机构整理了八年来的研究成果，建议在政府层面开始讨论协议。由此，日中韩三国政府逐渐在产学官不同层面对签署自由贸易协定进行联合研究并达成一致意见。从 1999 年日中韩领导人首次"早餐会式"会谈就民间研究达成一致算起，仅仅推进到政府加入，进行产学官联合研究，就花了整整十年时间。从这一个事实就可以很清楚地看出，日中韩三国政府对建立自由贸易区采取消极态度。也许其中有不得不消极的理由，有各种事件发生。

有媒体对迟迟没有进展的日中韩自由贸易协定谈判进行了报道，2011 年 5 月日中韩三国有望通过投资协定（《日本经济新闻》，2011 年 2 月 6 日）。该报道指出，朝着签署投资协定的方向，产学官联合研究提前一年，预计到 2011 年完成，2012 年开始政府间谈判。随后，在 2011 年 5 月东京召开的日中韩领导人会议上，如报道所言，在领导人之间确认了日程，至此停滞不前的谈判是否能够按计划执行，我们将拭目以待。

实际上，日中韩三国中的任意两国间的自由贸易协定也没有进展。

在日韩之间，两国于 1998 年 12 月开始共同研究与自由贸易协定相关的课题，2003 年 12 月开始政府间的自由贸易协定谈判，但是，2004 年 11 月举行的第六次会谈成为最后一次谈判，之后谈判中断。理由是韩国谋求极高的自由化水平，被认为是"自由贸易协定原教旨主义"，而日本想把农业、水产业受到的自由化影响降低到最小，两者在谈判立场上出现较大分歧。为了打破僵局，2005 年 6 月及 2006 年 10 月在日韩领导人会议上，当时的小泉首相和安倍首相分别提出希望尽早恢复谈判，加速谈判进程，然而卢武铉总统的应对始终消极。2008 年 2 月李明博就任总统后，在日韩领导人会议上，为了恢复自由贸易协定谈判、优化环境，向福田首相提议两国商讨预备性协议，同年 6 月举行了第一次实务协议会议。在 2009 年 2 月的日韩领导人会谈中，双方一致同意把上述的实务协议升格为审议官级别，同年 7 月以审议官级别举行了第三次实务协议会议。2010 年 5 月在日韩领导人会谈中，一致同意再次把实务协议升格为局长级别，并召开了第五次实务协议会议。

从以上经过可以看到，日韩自由贸易协定谈判从中断之日起已经经过了七年。为了恢复谈判、优化环境而举行的预备性协议会议，也已经过去了三年时间。在这个过程中，谈判成员从科长、室长级别升格为审议官、局长级别，这让人感到是否有必要采取措施逐步提高此类谈判人员的级别？因为他们谈的并不是自由贸易协定本身，不过是"为了恢复谈判、优化环境而举行的预备性协议"。结果，日韩间的自由贸易协定在 2004 年中断后，再无进展。

分析原因，我们似乎感到由于日本敦促恢复谈判，谈判进程才加速，日本在日韩自由贸易协定相关事务中表现积极，韩国一贯消极被动。特别在卢武铉总统任期中，连"为了恢复谈判、优化环境而举行的预备性协议"都没能开始。但是，这不是因为韩国对推动自由贸易协定态度消极。事实上，韩国在与日本中断谈判的 2006 年 6 月与美国开始自由贸易协定谈判，只用了十个月时间，于 2007 年 4 月达成协议，6 月签署了《美韩自由贸易协定》。而且，协定内容的自由化水平极高，两国在三年内对 94% 的产品降低关税。但是，达成一致的内容没有得到各自议会的批准，当时美韩两国都处于总统更迭中（2008 年 2 月李明博接替卢武铉，2009 年 1 月奥巴马接替小布什），导致前政权末期想冲刺式达成一致，而议会批准更加费劲。结果是 2007 年 4 月达成的协议在各自新政权下被重新评价，到 2010 年 12 月再一次达成一致。协议内容是在五年内撤销对 95% 工业品的关税，自由化水平很高。

据上看出，韩国谋求较高的自由化水平，对日本不能与之相对应的态度深感失望，所以才优先与美国签署《自由贸易协定》。美韩两国议会今后是否会快速批准两国间的《自由贸易协定》尚难以预测，如果协定获批生效的话，以汽车为代表的多种工业品实现对美出口，日本对韩国绝对处于不利的地位。所以，这里可以看到韩国的战略，与其在与日本直接谈判上浪费时间，不如用与美国达成一致来从外部对日本施压，这样对促进对日谈判更有效果。结果是，日本对恢复与韩国谈判表现出了积极态度，但是日本既没有说服韩国按照日本的主张做出让步，也没有大胆地做出接受韩国主张的决断。这件事如实地反映出日本自身对促成与韩国签署《自由贸易协定》信心不足。

另外，关于日中间签署《自由贸易协定》甚至都没有成为两国领导人的谈判议题。前面已经说过，2002 年朱镕基总理提出了日中韩签署《自由贸易协定》的非正式议案，小泉首相对此态度消极。此后，日本对日中自由贸易区态度消极传到了中国国内，再加之"靖国神社"事件，使"政冷经热"的两国政治关系恶化，日中双方在签署《自由贸易协定》问题上难以取得共识。结果是，这之后的日中间不再触及自由贸易区问题。鸠山首相和温家宝总理于 2009 年 10 月在北京、2010 年 5 月在东京两度举行会谈，两国间的自由贸易协定甚至都没有成为讨论的议题。

3. 日中韩谈判进展迟缓的真正原因——对一体化的心理抵触

从以上阐述的诸多事实中看出，日中韩三国间举行领导人会谈比东盟成立晚了 41 年，东盟与日本、东盟与中国、东盟与韩国间已经设立了自由贸易区，但是日中韩三国间，或是两国间还没有设立自由贸易区。东盟为车轮，日中韩作为三根辐条分别与东盟相联系，日中韩相互间却存在自由贸易区空白。企业通过贸易、直接投资，虽然推动了三国间"市场主导型"的一体化，但是政府牵头的"制度主导型"一体化的努力却是落后了。

日中韩在市场一体化的谈判中，所需时间也要比其他国家漫长得多。日本已经与新加坡、墨西哥、马来西亚、智利、泰国、印度尼西亚、文莱、菲律宾、瑞士、越南、印度、秘鲁签署了两国间的自由贸易协定，与这 12 个国家平均谈判时间为 24.3 个月。然而日韩自由贸易协定谈判，仅从中断到恢复就已经经过了 87 个月。日中韩三国以自由贸易协定的形式进行谈判，今天逐渐看到了曙光，但是过去的谈判历程艰难实在是迟迟没有进展的原因。

截至 2009 年，日中甚至还没有开始自由贸易协定谈判。也许，日中韩三国自由贸易协定已经出现了推进的苗头，现阶段也就没有必要再推动日中两国间的自由贸易协定谈判了。但是，相互依存关系如此之深的日中之间，一次也没有进行过两国间自由贸易协定的实质性谈判，不得不说是异常情况。

那么，日中韩三国"制度主导型"的市场一体化为什么这么落后，为什么这么花时间呢？这里面有几个可以能想到的理由：第一，日中韩三国在地理上接近，通过贸易、投资的相互依存很强，制度性影响比其他国家要大得多，所以有必要慎重地进行抉择。第二，中国与日本间存在着竞争领域，因签署自由贸易协定会给日本国内许多产业带来破坏性打击。第三，中国与韩国在推动经济一体化方面有心理抵触。

在这些理由中，第一个理由已经不成立。前面谈到，东亚以东盟为车轮，日中韩为三根辐条建立起来了自由贸易区网络，日中韩三国间尚存在自由贸易区空白。为此，日中韩三国间直接的贸易、投资在经由东盟的情况下，在关税以及其他方面受到不利影响，日中韩企业较之东盟企业，被迫处于不利的竞争地位。如果这种状况长期持续，日中韩各企业会进一步把生产基地等转移到东盟，使日本受到产业空心化的威胁。而且，2010年 12 月美韩间就自由贸易协定达成一致，2011 年 10 月通过了美国议会的批准。于是，韩国执政党也在国会中强行表决通过，于 2012 年互换文本生效。美韩自由贸易协定的生效，日本对美出口将不可避免地受到巨大打击。谨慎地关注事态发展的阶段早已过去，噩梦马上就要变成现实。

第二个理由本来就不成立。到目前为止，研究日中韩以及东盟间贸易的诸多成果几乎一致认为，中国与东盟的竞争很激烈，而日本与中国的产业构造是互补关系而不是竞争关系，日本与韩国间的竞争激烈程度并不及中国与东盟。也就是说，日中韩签署自由贸易协定会给各自比较缺乏优势的产业带来影响，这虽是事实，但是特别是对日本影响程度有限。

加之，"破坏性打击"这种说法也与事实相反。如果这种说法妥当的话，需要有"自由贸易协定现阶段立即付诸实行"的附加条件才能成立。但是，无论哪种自由贸易协定，都不是立即实行关税削减、废除，而是设置一个过渡期。日本人和日本企业有着良好的适应能力，只要定了关税下调的时间表，以此为前提判断能否经得住竞争，日本应该会着手努力通过扩大经营规模来削减成本、在国际分工中生产高品质产品以及品牌化等来提高竞争力。日本人、日本企业对环境的高度适应能力已经被多次证明，故意对这种高度适应能力视而不见的"破坏性打击"明显有违事实，只是煽动无意义的不安。

当然还可以通过查看关税削减程度和日程表，来做出退出市场的判断。日本农业劳动力人口的平均年龄已经超过了65岁，没有年轻劳力从事农业生产的农户，与是否签署自由贸易协定、加入跨太平洋伙伴关系协定（Trans-Pacific Partnership Agreement，TPP）无关，十年后都会不得不自动退出市场。但是，这不是因竞争失败导致的退出，而是新陈代谢导致的退出，不是开放市场带来的结果。"破坏性打击"故意混淆没有本质关系的不同事物，结果扩大了无意义的不安。

有些以经营为核心的青壮年农户，也有不得不退出的情况。自己虽然拥有土地、劳动力、经营策划能力等经营资源，但是在市场开放的竞争环境中难以抗衡竞争，不得不放弃土地，转型到有比较优势的行业中，这是合理的经济行为。把土地转让给有竞争力的农业经营者所有，有利于有实力的农业经营者扩大经营规模，追求高品质化，最终提高日本农业整体的竞争能力。而且，青壮年加入有比较优势的产业中，也可以更加有效地发挥自身的劳动力和经营能力。与其困守在没有比较优势的产业中，被低收入和贷款所困，不如转型到有比较优势的产业中，确保稳定的收入，这是个人采取的合理行动，也是最优分配日本整体劳动资源的合理选择。灵活的、有适应能力的日本人面临危机时，绝不能坐以待毙，应该根据自己的判断采取积极的、合理的选择。如此退出农业，是根据自己的判断而做出决定的主体性行为，结果将会使农业资源更加集中在有竞争力的经营者手中。因此，"破坏性打击"强调导致单方面受损的情况绝不会发生。

全球化导致世界各国越来越强化一体化进程，劳动集约型产业不得不委托给工资低廉的发展中国家。为了保障以农业为首的劳动密集型产业在日本的竞争力，不是通过扩大经营规模实现降低成本，就是通过提高产品的高附加值提高价格，或是双管齐下，这些是必不可少的。如果总是不断地保护没有比较优势的经济体或产业，不仅是在浪费税收，而且使他们永远不能摆脱没有前途的生活，从这一点上看也是当事人的不幸。补贴衰退行业的政策，应该仅限于可以缓和剧烈变化，帮助他们赢得时间转型到有比较优势的产业。回顾人类数百年的历史可以看到，发展中国家赶超发达国家是历史的必然，通过国家间的竞争和交替，人类建设了更加富饶的社会。在这样的历史进程中前进，保护发展中国家的优质产业对整个人类来说是合理的政策，但是保护发达国家的衰退产业，帮助它赢得时间转移到其他有比较优势的产业中，如此优厚的措施，却不能说是对人类的合理政策。

第三个理由是"对一体化的心理抵触"，要直接证明它的存在比较困难。不过，在第二部分第六章中已经从中国和韩国对日情绪的现状推测了两国同日本在经济、政治上确实存在"对一体化的心理抵触"。如果从日本对中韩两国的国民情绪来判断，可以说对韩国的"心理抵触"要相对弱一些，但是不得不说对中国的"心理抵触"强烈多了。前文所述，日本已经与12个国家签订了两国间的自由贸易协定，与这些国家签署自由贸易协定所需时间相比，韩国的谈判过程非常漫长，而与中国还没有开始谈判，这些都是间接的证明。特别是，中国拥有众多的人口、辽阔的国土面积、令人惊讶的经济发展势头，事关与中国签署自由贸易协定，日本政府也许多少有被中国吞没的恐惧感吧。在思考第一和第二个理由时发现这两点并非真实理由，这样的话，日中韩自由贸易协定谈判之所以在目前停滞不前的真正理由就只有第三个"对一体化的心理抵触"了。第一和第二个理由掩盖了第三个真正理由，中国和韩国对市场一体化立场态度，源于两国"对一体化的心理抵触"。

第 二 章　对日情绪恶化的过程

杉本孝

1．心理抵触的渊源——近现代史上日中韩三国关系

　　日中韩间为什么存在"对一体化的心理抵触"呢？这恐怕与三国的近现代史有关。19世纪中叶以后，同是遭到西方列强的入侵，日中韩三国的历史选择却截然不同。日本很早便取得了明治维新的成功，迈进了近代国家的行列。中国的清朝错过了近代化时机，被列强瓜分了诸多权益，沦为"半封建半殖民地"。一直作为宗主国进行统治的清朝因朝鲜被日本侵略而与日本开战（1894年的中日甲午战争），战败后割让台湾及澎湖列岛并赔偿白银二亿三千万两给日本（《马关条约》把辽东半岛也割让给日本，但是后来由于三国干涉归还给中国）。这期间，朝鲜长期在宗主国清朝的"华夷秩序"下，但因中日甲午战争清朝战败，它不得不接受日本在朝鲜半岛的占领地位，以此为基础因争夺"满洲"权益爆发的日俄战争（1904年）后，终于被日本吞并（1910年）。同是面对西欧的威胁，日本很快就加入列强之中，成为向中韩索要权益的一方。中国近代化进程落后，不仅败于西欧列强，也败于日本，被掠夺权益。朝鲜在宗主国清朝的"华夷秩序"下保持独立，但是在日本的扩张主义政策下失去了独立。于是，从19世纪末到20世纪初，三国之间的关系无疑就是造成今天"对一体化的心理抵触"的渊源。

2．中国"地域性割据"和"对日不信任"的加重

　　在这以后的历史进程进一步强化了"对一体化的心理抵触"，向形成"对日不信任"的方向发展。中国辛亥革命（1911年）成功后，中华民国成立（1912年）。但是，孙文临时大总统执政的国民党政府没有能确立政权的正统性，国民党统治没有覆盖整个国家，经过袁世凯复辟，国

家陷入军阀割据的状态。1927 年 10 月，中国共产党的领导人在井冈山建立了革命根据地，打开了实现工农武装割据的新局面，经过二十多年艰苦卓绝的斗争，结束了这种"地域性割据"。1949 年中华人民共和国宣告成立。

本文分析中国从辛亥革命后到再次确立政权正统性，花费如此多时间的原因如下：在中国，王朝皇帝把对国家进行全面统治的所有权力集于一身，这种一元化的实权以政权正统性和武力为基础。为此，如果新兴实力集团以武力推翻了既有王朝，旧政权的正统性也随王朝的覆灭而失去。另外，获得统治实权的新兴实力集团，它的政权正统性尚未得到认可，确立它需要漫长时间。这一点与日本政权更迭所用时间极短、且牺牲较小形成了鲜明的对比。日本统治权力是二元化构造，即体现政权正统性的天皇与握有军权进行实质性统治的实权集团。造成的结果是，在政权更迭之时，天皇对新实权集团履行任命权，在移交实权统治的过程中，天皇继续继承统治的正统性，由天皇把实质控制权限移交给新兴实权集团。所以，日本形成的政治体制使得政权移交期的牺牲较少，且移交也在极短的时间内完成。以明治维新为例，1867 年 10 月下达《讨幕密敕》，经过鸟羽、伏见之战，在五棱郭战役后，明治统治的正统性遍及了日本全国，这个过程只用了一年七个月的时间。只要天皇显示出意志，国民就接受他的正统性，服从他，很多人追随他。同样的现象在接受《波茨坦公告》时也发生了。天皇通过录音广播颁布了《终战诏书》，至此陆军叫嚣的"一亿玉碎"主张瞬间瓦解，日本国民没有做任何抵抗，服从于联合国军的占领。因此，二战结束后，联合国军在进驻之时，几乎没有发生任何混乱。这一点，与阿富汗塔利班政府、伊拉克萨达姆政府被推翻后，过了近十年时间治安管制依然难以恢复形成了鲜明的对比。

权力一元化的中国在辛亥革命之后陷入了"地域性割据"，这不能回避统治权构造的问题。日本抓住中国"地域性割据"以及第一次世界大战爆发导致西欧列强无暇顾及在华利益之机，把《对华二十一条》强加给中国（1915年），与德国争夺在山东省的权益，图谋在"满洲"的既得权益进一步扩大。日俄战争获得的权益使日本在"满洲"的权力进一步被强化，这种局面是源自之后作为腹地的朝鲜半岛殖民地的支持。而且，继承德国在山东省的权益保证了日本在中国本土的最初权益，日本向全世界显示出对华扩张的意志并不只局限在"满洲"。

中国加深对日本的不信赖难以避免，可以说是日本的所作所为导致的必然结果。在第一次世界大战结束后的巴黎和会上，国际社会承认了由日本继承德国在山东省的权益（1919年），于是"五四运动"在北京掀起，运动抵制日货，并向全国蔓延。1925年，在上海租界学生们组织了浩大的示威游行，13名中国人牺牲，由此学生、工人参加的罢工席卷了全上海（五卅惨案）。日本侨民经常处于这种激烈的反日情绪中，所以当蒋介石领导的国民革命军为了控制北方军阀开始北伐（1926年）时，日本以保护侨民为由（实际上是为了保护从德国那里继承的在山东的权益）三次出兵山东，双方冲突导致多人牺牲（1928年5月的济南事件）。因此，国民革命军不得不在济南迂回，结果日军妨碍了北伐的顺利进行。一方面，控制北京、天津的北洋军阀张作霖为了避免与继续北上的国民革命军对峙，退回"满洲"，但是他在归途中被关东军设计埋伏的炸弹在沈阳附近炸死（1928年6月）。第二年7月北伐完成，使中国本土在国民革命军的指挥之下。另一方面，继承张作霖衣钵的张学良在事态平复前佯装与日本友好，但在12月突然表明服从国民政府领导，违背关东军意志。这样，在国民党政权下包括旧"满洲"在内的整个中国实现了名义上的统一（东三省易帜）。

3．日本"组织性割据"和"对日"的极端化

1931年9月18日夜，日本关东军制造柳条湖事件（也称"九·一八"事变、奉天事变），1932年拥戴废帝溥仪建立"满洲国"。现在已经明确的是，这些事件源自关东军的独断专行。1937年7月7日爆发卢沟桥事变，日本没有宣战就挑起了日中战争。当时，由于没有宣战，就把这一

事件称作"卢沟桥事变"。卢沟桥事变源自日本阴谋，从而开始了全面侵华战争。

回顾甲午战争到日本侵华战争的历史，日本一贯基于国家意志统治朝鲜半岛、旧"满洲"，图谋向中国本土扩张。也许从韩国、中国的角度来看，历史上的所有时期都是如此。不过，从具体情况来看，各个时代有所不同。日本在甲午战争时，宣称"让朝鲜独立于清朝"，日俄战争时主张"在清朝的机会均等，保全清朝的领土完整"。这些主张在当时得到了国际社会一定程度上的理解，特别是在日俄战争中用外债筹集军费时，得到了美英的支援。

然而，日本后来吞并韩国和建立"满洲国"让这些"主张"的真实含义不攻自破。从《对华二十一条》中也可以看出，日本在甲午战争、日俄战争中，不过是为了掩盖真实企图才搬出了这些"主张"，若反驳这些实在困难。于是，中国对日本的不信赖进一步加深。

日本的真实意图是宣称"以华治华"，其中隐藏更险恶的企图。关于这一点，当时的国际社会见解不一。但是，这些都是通过正式程序被决定的日本国家意志，毋庸置疑。确实，国际社会认为直到出兵山东都是"正确"的。可是，在张作霖被炸死的皇姑屯事件以后，"九·一八"事变、"满洲国"建立，决定国家意志的是关东军的独断专行和鲁莽失控，参谋本部、陆军省以致最后政府陷入了承认既成事实的局面中。虽然已经弄清暗杀张作霖事件是关东军侵犯指挥权所致，但是并没有追究当事人责任，进行严厉处罚，因此，三个月之后，招致了由青年军官发动的多起政变（含政变未遂），诸如"三月"事件、"十月"事件（均发生在1931年）、"五·一五"事件（1932年）、"二·二六"事件（1936年）。

确定卢沟桥事变是否是关东军的阴谋所致比较困难。卫藤沈吉教授指出，当时的近卫首相认识到了"卢沟桥事变是军队中年轻军人的阴谋"这一事实。当初，内阁没有制定不扩大方针，所以当传来国民党中央军大举北上的消息时，紧急召开内阁会议，为保护在华北的侨民决定立即出兵，近卫首相对政界、舆论界、实业界有影响的人物表示，"请理解和支持政府的坚定决心"。东京方面的动向传来，中国方面判断日本侵略华北的决心已定，政府"发表了著名的《生死攸关》的演说"，"决心站在举国抗日的最前沿"。这样，"命运的恶性循环"不断重复，事态"偏离了当局的意图，朝着扩大、再扩大的方向发展"。事态扩大后，现场作战主任参谋池田纯久造访近卫首相。近卫说："池田君，终于发生了。卢沟桥事变是军队中年轻人的阴谋。"池田主任参谋说："公爵，战争的罪魁祸首不是军队，是首相您啊。"这可以在 7 月 13 日的报纸上看出来。驻扎在中国当地的日本军队与中国方面发生激烈冲突后，7 月 11 日签订的《停战协议》被登载在报纸的一个小角，而"从头版到第三版的版面充斥着大肆渲染煽动国民战争热情的报道"。面对池田主任参谋的责难，近卫首相张口结舌地说："政府虽然主张不扩大主义，但是报纸这么处理是什么意思呢？要是不打起来反倒不可思议了。"①

卫藤沈吉教授指出的事实是，近卫首相一味地认定，和暗杀张作霖事件、"九·一八"事变一样，卢沟桥事变也是关东军的阴谋，结果导致不扩大方针转变为扩大化，暗示着自己不应负最重要的政治责任。如果卢沟桥事变因关东军的独断专行所致，应该也是得到了军队将领的默许，即使不是这样，当地驻军既然已经做实，军队将领反对的可能性很低，不追究自己的政治责任，不得不说是没有先例的事情。把日本推向毁灭深渊的国家意志，如果是这样随意抉择的，那真是太无耻了。当时，军队并没有追究近卫首相在政策扩大化转型中的责任，结果导致卢沟桥事变还是重复了几乎与暗杀张作霖、"九·一八"事变相同的套路。

于是在暗杀张作霖以后，关东军独断专行，屡次篡夺指挥权，应在问责立场上的军队将领没有被严厉惩处，让原本就没有指挥权的首相束手无策。拥有主权和指挥权的天皇作为立宪君主，必须遵守有辅弼之责的内阁决策，而首相是决定政策的责任人，但是他没有军权，事实上拥

---

① 卫藤沈吉著作集编集委员会，《卫藤沈吉著作集 第三卷 二十世纪日中关系史》，东方书店，2004 年，139—145 页。

有军队指挥权的军队将领却被关东军的独断专行所牵制，在这种情况下就不存在能够决策国家意志的主体了。相较中国的"地域性割据"，日本形成了"组织性割据"。

以下只是一种假设：德川幕府下的幕藩体制从国家统一的角度来看，处于"地域性割据"阶段。各藩服从德川幕府的命令，幕府将军是天皇任命的征夷大将军，但是各藩又保持着军事上的独立性。实际上，德川幕府被萨长同盟推翻，也证明了这种现象。明治维新之后，全民皆兵的现实导致了"地域性割据"的消亡，但是主导明治维新的强藩割据性发生变形，像被称作"陆上长州，海上萨摩"这样的"组织性割据"延续了下来。脱胎于"地域性割据"的"组织性割据"比相邻其他国家的"地域性割据"，也许更容易出现"组织性割据"介入"地域性割据"之中，并把"地域性割据"纳入自身"组织性割据"中并进行处理的倾向。

日中战争打了14年，双方均出现了庞大数量的牺牲者。日中对牺牲人数各有阐述。中国受害者的人数由于每个时期统计范围不同差距很大，综合多种信息，现在中国认为军民伤亡共3500多万人。综合多种信息可以认为，日本在第二次世界大战中的总死亡人数为310万人（军人230万人，民间80万人），在中国境内，死亡人数71万人（军人50万人，民间21万人）。

没有必要再做一次说明，日本和中国是在中国领土交战。也就是说，日军侵略中国，在中国境内交战，并非中国军队攻打日本。事实胜于雄辩，在中国牺牲者当中，普通民众占绝大多数，日本则是军人比例很高。日本军队没有宣战就攻陷了当时的首都南京，把战火扩大到整个中国国土，这是侵略战争，没有反驳余地。

回顾不幸的历史可以理解，骨肉至亲惨遭日军杀害的中国民众对日本有报复心理，是理所当然的事情。换位思考就能比较容易地理解他们的心情。20世纪30年代，如果像蒙古军队那样凭借比日本强悍得多的实力，大举进攻日本，杀死孩子、手足、友人，把日本破坏殆尽，那么，即使经过 66 年后的今天，当然也绝不能原谅他们。中国的年轻人继承了这样的情感，很多人平静地跟笔者吐露心声，如果再次与日本交战的话，一定要彻底打败日本。日本"组织性割据"导致对华侵略，其结果是中国普通百姓的"对日憎恶"达到顶点。

第 三 章　走向真正的睦邻友好

杉本孝

经前文探讨，在日中邦交正常化、实施对华政府开发援助（Official Development Assistance，ODA）之际，日本方面的"草率"应对已经明了。日本面对中国放弃战争赔偿，没有以任何国家意志表达的感谢，在实施对华 ODA 之际，也没有表明"主动报恩"。结果是，中国民众只能认为日本是个不知礼节的国家。

要改变现状，实现日中真正的和睦友好，首先要做的就是双方本着宽恕、容忍的心态接受因各种无奈之举导致的今天相互间否定情绪升级的局面。绝不是因为双方存有恶意，而是双方应深刻理解在时代变迁下因历史原因导致的不幸现状，把相互体谅作为出发点。这些努力有必要在政府间率先做出，同时通过民间交往的渠道进一步推动。为了改善现状，双方有必要根据当下环境，站在新的角度来探索何事必行，何时可行。这样的话，日中双方应该能够明确各自需要解决的课题。

1. 聚焦中国普通百姓情感，调整外交政策

在这样的前提条件下，我们来思考一下日本应该做的事情。笔者认为，第一要务就是日本要从根本上扭转对华外交的基本思路。前面已经多次提及，到目前为止，日本对中国采取的诸多应对措施，不能说充分顾及了中国普通百姓的情感。在决策对华政策时，日本只关注中国政府能否接受，而站在中国政府身后的一般民众做何反应，就不纳入考虑范围之内了。在每一个其对华改革的时间节点上，日本在政治局势、军事局势、经济局势下，基于双方的力量对比，其对华政策都是追求国家利益最大化。当今的日本拥有强大的经济实力、技术力量，且传统上对中国抱有亲近感，在与日本的力量对比中，中国处于不利地位。在这样

的力量关系中，中国热切需要日本的经济和技术力量，日本读懂了中国的处境，一边希望中国放弃战争赔偿，另一边为了日本的国家利益最大化，不对此致谢，否认对援助中国经济建设负有道义责任，在对中国实施ODA之际，明确了"对华经济合作三原则"，自我否定了"主动报恩"的意味，从整体上看是草率行事。

今天看来，这种对华政策只是优先回避经济负担，"商人式国际政治观"色彩浓郁，缺少战败国的礼数，对中国显示的民族间信义没有任何回应，不得不说是浅薄的。这种做法不只招致中国反感，其他国家也会轻视日本。这种外交政策的思路对对象国国民情感置之不理，是短视的最优先国家利益，恐怕不只日本，也是当时许多国家采取的方式。根据国家不承担法律责任的观点，各国在外交事务中，尽可能地回避谢罪、致谢等正统的做法。在制定外交政策时，不把民族情感作为重要的考虑因素，且实际上也没有产生大碍，也许这种思路具有合理性。

但是，时至今日，全球性的民主化进程在推进，时代发生了巨变。无论日本还是中国，虽然所处的发展阶段不同，但是民主化与时俱进。在这样的潮流中，制定外交政策时普通民众的情感不仅已经不容忽视，甚至正在成为最应该优先考虑的重要因素。过去曾经被认为是合理的想法，在变化的大环境中，不能一如既往地"合理"下去了。如果日本政府试图得到中国政府的同意和支持，也应该首先考虑中国普通百姓的感情。因此，日本在制定今后的对华外交政策时，应该从根本上扭转原来的方式方法，不仅把中国政府接受与否，而且把中国普通百姓是否接受作为问题的关键。

2．日本需要"把谢罪坚持下去的真正勇气"

在日本一切的外交活动中，中国普通百姓的"对日根本性否定情感"已经成为障碍，所以必须思考治愈的方略。为此，日本政府需要判明"对日根本性否定情感"的形成原因，并努力加以消除。"对日根本性否定情感"是由中国百姓把日本视作"装糊涂的国家"而生，之所以这样，是因为长期以来在深厚的社交文化中，按照有借有还的规范，他们心理账本上依然记载着对日放弃赔偿的"贷款"。只要他们心理上的"贷款"尚未还清，日本就不能成为在国际社会中赢得尊敬的国家。日本政府需要深刻认识到这一点，并且对中国放弃赔偿进行"报恩"，在施政中应该明确具有"准赔偿"意义，避免政策中兼顾其他目的。这一措施旨在纠正对待其他亚洲国家与对待中国的战后待遇不平等状况。日本对其他交战国进行了赔偿、准赔偿，或者以经济援助的方式完成了战后处理，但是对最大的受害国中国，而且是主动放弃战争赔款的中国，却没有进行任何"报恩"。这明显是日本的不公平处理，必须纠正在各国家间产生的不公平，恢复真正的平等应对。因此，日本现在采取只以中国为对象的准赔偿措施，绝不是不平等措施，而是挽回平等的政策。日本应该明确只为"报恩"中国的目的，如果因为各种因素难以做到的话，也必须对中国给予明确的政策倾斜，而且日本同时应对时至今日才采取的迟到措施表示谢罪。这才是能够触动中国普通百姓心弦的良策。

　　但是，笔者认为，中国百姓心理账本上还留有"贷款"，对此很多日本人有可能产生"违和感"。但是，这种"违和感"是由日本国民没有根据的"误解"造成的，认为"'亏欠'中国的已经偿还"，而且这种"误解"是日本政府的信息操作导致的，他们没有积极地告知国民对中国采取的"应对"措施。日本政府让日本国民游离于事实之外，陷入了"误解"，所以日本政府需要对日本国民说清楚对中国一直的"应对"事实，对消除无根据的"误解"负有责任。日本政府为此必须大力推动促进相互理解的活动。日本政府有责任向日本国民清楚地说明，日本仅仅接受了中华民族放弃战争赔款的仁厚之意，作为国家行为没有任何回报的事实。而对其他交战国完成了赔偿、准赔偿，或者进行了经济援助，但是对受到战争伤害最深重的中国，日本不但没有赔偿，还以免除赔偿并非日本要求为理由"装糊涂"，没有做任何报答。日本政府有义务把这些事实连带着自责向国民进行正面说明。这是对向日本国民展现信义的中国百姓的义务，同时也是对在国际社会中国民品格遭到贬损的日本国民的义务。也许很多日本国民难以相信自己的国家对中国有如此非礼的行为。日本国民不是对接受恩义反应迟钝的国民。本论认为日本政府应该抱有悔恨之念，真诚地把对中国的"应对"事实告知国民，立即纠正没有根据的"误解"，即"亏欠中国的已经偿还完"、"报恩"中国放弃战争赔偿，这样对笔者的观点产生"违和感"也会短时间内消除。

许多日本国民也许对反复谢罪有抵触情绪。至于日本国民感到已经反复谢罪也是可以理解的。《日中联合声明》作为外交文件极其明确地记载了谢罪，"日本深刻反省，痛感过去由于战争给中国人民造成巨大伤害的责任"。在1978年的《日中和平友好条约》以及1998年11月中国国家主席江泽民访日时两国发表的《关于建立致力于和平与发展的友好合作伙伴关系的联合宣言》中，继承了上述观点。中曾根康弘首相在1983年2月18日众议院预算委员会上正式承认了是日本发起的侵略战争。基于这种认识，1995年村山富市首相发表了题为《二战结束五十周年纪念日之际》的"村山谈话"，进行了谢罪。"我国在不久前的一段时期，国策发生错误，走上了战争的道路，使国民陷入生死存亡的危机，殖民统治和侵略给许多国家，特别是给亚洲各国人民带来了巨大的伤害和痛苦。为了避免以后发生错误，毫无疑问，我们应谦虚地接受历史事实，并再次表示深刻的反省和由衷的歉意。同时向在这段历史中受到灾难的所有国内外人士表示沉痛的哀悼。"2005年，在二战结束六十周年时，小泉纯一郎首相继承了"村山谈话"精神，"日本过去的殖民统治和侵略战争给很多国家，特别是给亚洲各国人民造成了巨大的伤害和痛苦。日本诚恳地接受这些历史事实，对此再次表示反省和由衷的道歉，并向那次战争中所有的死难者表示深切的哀悼"，"记取悲惨战争的教训，绝不让战火复燃，为世界和平与繁荣作出贡献"，表达了谢罪和决心。

这样看，日本确实是反复谢罪。不过，"国策发生错误，走上了战争的道路，使国民陷入生死存亡的危机，殖民统治和侵略给许多国家，特别是给亚洲各国人民带来了巨大的伤害和痛苦"，事实是这一谢罪并不是全体日本国民达成的共识。因历史认识问题，新任内阁成员反复被撤职，使得日本政府至此的谢罪化为泡影，日本多次重复这种愚蠢行为。国会表决"村山谈话"时遭到各种反对，最终政府只好把它作为内阁决定发表，这些都反映了事情的背景。虽然多次谢罪，但是中国普通百姓只是认为"日本的谢罪只停留在口头上，没有行动"。

谢罪没有被对方接受，就不算完成。谢罪不是为了单纯表达，而是为了得到对方的原谅。既然这是谢罪的本质，只要对方不原谅，只好坚持到对方原谅为止。在个人之间的谢罪也是如此，"到底要道几次歉才能满意"这种不满一旦传递给对方，至此的道歉就全都化为泡影了。这是对好不容易治愈的心灵创伤再次造成伤痛的愚蠢做法，国家间的交往也是同理。无论杀人犯对被害者家属怎样谢罪，加害者在后面总是本性难改，被害者家属当然不把这当作真诚的谢罪。遗憾的是，我们的上一辈犯下的错误是不可否定的事实，结果只能由后代偿还。个人也是一样，父母的罪过以各种各样的形式殃及孩子。而且，国家一脉相承，既然享受了它的繁荣，上一代的罪过就只能由下一代背负。如果被害者不是自然流露"已经充分谢罪，可以考虑今后的事情"，那么谢罪就没有结束。加害者就要继续做出谢罪姿态，直到被害者能够着眼于未来。日本与韩国间正在朝这个方向逐步发展。1998年，韩国总统金大中访日时，发表了题为《日韩共同宣言——面向二十一世纪建立新型日韩伙伴关系》宣言，内容如下：

两国领导人达成一致意见，认为日韩为构筑21世纪牢固的睦邻友好关系，本着直视过去，相互理解和信赖，发展两国关系十分重要。

小渊首相回顾了20世纪日韩两国关系，阐述了在过去的一段时期里，日本对韩国国民实行殖民统治，造成了巨大伤害和痛苦。日本诚恳地接受这一事实，对此深刻反省并由衷地道歉。

金大中总统诚挚地接受了小渊首相阐明的历史认识，对此评价的同时，表示两国超越过去的不幸历史，基于和解和睦邻友好合作共同努力发展面向未来的关系是时代的要求。（外务省资料）

这里重要的是，作为受害方韩国单方面的认识，由金大中总统主动提出了面向未来。由加害者提议面向未来是危险的行为，日本应该谨慎地回避。然而，在日中领导人会谈中，日本一方更急迫地表现出热衷于面向未来，这一信息被泄露出来，反映出外交交往中的粗枝大叶，今后必须谨慎从事。遗憾的是，日中间还没有发展到由中国单方面主动提出面向未来的阶段。只要中国普通百姓不原谅，中国政府就不能朝这个阶段迈出一步。因此，对中国的谢罪尚未完成，日本绝不能忘记过去，如果不继续谢罪的话，日中就不可能实现真正的和睦相处。

持续谢罪绝不意味着怯懦外交。相反，日本国民应该理解这关系到自信和意志。日本国策失误，给国民带来了巨大惨祸，为此谢罪与绝不开战的决心密不可分，是战后日本和平发展的自信和意志的基础。坚决对过去谢罪是主张今日日本不同于战前日本，这是最坚固的盾牌，防止发生对过去日本的憎恶迁移到今日日本的憾事。反倒是"这不是侵略战争，这是日本出于自卫被迫而战"的主张，必然只会带来对过去日本的憎恶直接转向今日日本的恶果。这种主张不仅违背历史事实，毫无根据，而且还会为居心叵测的人提供指责日本、攻击日本的绝好材料，使日本的国家利益蒙受重大损失。

前联邦德国总统古斯塔夫·海涅曼（Gustav Walter Heinemann）曾说过，"我们不忘记是让对方忘记的唯一方法"，许多德国人深切领悟到这句话所包含的真理，持续谢罪带来了今天德法间的和解。这一命题也是适用于日中关系的真理。我们日本国民绝不能忘记给中国人民造成了巨大牺牲的严酷事实。如果日本忘记了，中国就会警钟长鸣，忘却永远不会造访。只有日本坚信绝不忘记历史，才有可能在治愈中安宁地把记忆委托给忘却。直到可以由中国说"已经充分谢罪了，一起面向未来"为止，日本都一定要有坚持谢罪的觉悟。考虑到日本当下反感中国情绪较强，虽然让人感到前途漫漫，但是千里之行始于足下，日本需要走上跋山涉水之路的勇气。日本必须有"一以贯之谢罪"的勇气。

3. 作为"主动报恩"的"新日元贷款"和创设大规模奖学金制度

以上探讨了消除日本国民中的"违和感"、"误解"，坚定"把谢罪坚持下去的真正勇气"，接下来需要阐述治愈中国普通百姓"对日根本性否定情感"的具体方略。"对日根本性否定情感"源于中国百姓判断日本是个"忘恩负义的国家"，这一判断的最大依据就是他们在心理账本上保留着对日放弃赔偿的"贷款"，具体策略就是消除"贷款"的偿还措施。也就是说，面对中国主动提出放弃战争赔偿，日本作为感谢的表示，开始实施"新日元贷款"。如果可以的话，把这个措施作为邦交正常化四十周年的纪念项目及早启动十分重要，不仅金额规模，而且长期持续均必不可少。

这个"新日元贷款"不同于原有的"日本贷款"，不是经济合作与发展组织对发展中国家实施的援助，是日本对中国放弃战争赔偿的"主动报恩"，只对中国实施。不是"援助"，而是"感谢"。现在中国已从 ODA 中"毕业"，此时开始"新日元贷款"颇具意义。虽然具体项目需要根据日中两国政府间协议确定，但是应该选择那些能把日本的感激之情直接传达给中国普通百姓的项目。在甄选项目时，日本不应该使用"援助项目"这类字眼。这不是"援助"，是日本针对中国人民心理账本上的"贷款"履行偿还义务，应该围绕"感谢项目"这样的主旨措辞。

作为实施"新日元贷款"的条件，有必要规定每完成一个"感谢项目"就建一座"感谢碑"。建立"感谢碑"的目的不是要告诉人们日本支付了项目资金，而是把日本对中国人民的感激之情传扬后世。碑文上应该镌刻，日本对日中战争中给中国造成的巨大伤害表示谢罪，对战争结束之际中国人民送日本军民安全返乡、对放弃战争赔偿的中国人民的深情厚谊表示感谢。受惠于此，日本在战后实现了迅速复兴，得以享受今天的繁荣。而且，由于多种因素，日本也需要对拖到现在才对中国人民报恩的迟到行为表示谢罪。中国政府将会积极帮助建造这样的"感谢碑"。通过努力，才能改变中国人民对日本的轻视，日本必须用事实消除"原来日本没有报答之意，是一个不知礼数的国家"的对日印象。

值得庆幸的是，长期以来中国百姓的社交文化沿袭有借有还的规范，所以日本国民以某种形式真诚表达感谢，即使是从现在做起也绝不言晚。对迟到报恩表达真诚谢罪，同时也表达日本国民的真诚谢意，这是在回应中国百姓强烈存在于心底、一直被忽视的心声，向民众告知"我还记得"，传递"日本是成人"的认识。这是条通向日中真正和睦相处的道路。

同样目的，应该以中国留学生为对象创设大规模的奖学金制度。这个制度是源自日本的"报恩"，可以把它直接告诉给留学生本人或是他们的家长，有必要明确表达制度的目的。人数范围增加到原来的数倍、数十倍，大幅提升待遇，确定寄宿家庭制度，帮助留学生在日本度过充实的留学生活。从此，它应该培养出对日本怀有感激之情的中国年轻一代。当然，完善制度不能导致留学生的放纵和被娇宠，精心的制度设计毋庸赘言。留学生们在立足于感谢日本的指导思想设立的留学生制度中学成归国后，将发挥日中桥梁的作用，对缓和"对日根本性否定情感"产生巨大影响。

4．改革近现代史教育的必要性

除了上述聚焦中国百姓情感的施策外，日本也有必要对日本国民采取措施，特别是有必要完善近现代史教育。目前的实际情况是，初高中的历史教育从古代史开始讲起，几乎所有教材都是讲到第一次世界大战则告一段落，对日中战争、第二次世界大战以及现在的历史鲜有涉及。结果造成了年轻一代并不知道日本在第一次世界大战后对中国做了什么，历史课什么也没有教给他们。令人忧虑的是，他们没有树立自己的历史观，不能把外国留学生作为对象就本国历史交换意见、进行讨论，没有可当作史实的历史知识。2004 年亚洲杯足球赛^①的赛场上，中国青年对日本队喝倒彩，2005 年发生了反日游行，日本人面对这些行为中传递的"对日侮辱"，只是认为不可理喻，强化了"中国人不礼貌"的印象。恶性循环还在继续。

但是，如果他们知道日本在近现代对中国的所作所为，那么对这些中国青年的行为就不会用"不礼貌"一语带过了。为了结束恶性循环，日本必须完善初高中近现代史教育。理想的做法是，有必要开设"近现代史"课程。为此，日本要事先做大量准备工作，与其他科目协调，配备师资等，到真正实施需要相当长时间。

需要时间准备的另行推进，这里我们必须考虑可以取而代之的简单方法。这个方法就是改变从古代讲起的教学方法，改成先讲近现代史，之后再慢慢追溯历史的讲法。笔者认为，本来历史学习的目的就是为了更好地把握从古至今的发展脉络，在此基础上具备思考未来的能力。从古代开始讲到第一次世界大战告一段落的现行教学方法，偏离了掌握思考未来能力的历史学习的终极目标。不学习与当下相关的历史，就不可能磨砺出思考未来的能力。历史学纵深化发展的过程也应该是研究始于与当下最为接近的过去，逐渐向遥远的过去追溯。追溯过去的意义在于它对更好地理解当今面貌不可或缺。与当下割裂的历史无论怎样追溯，都不会造就思考未来的能力，追求自我价值地探讨过去只能停留在兴趣、爱好的层面。因此，历史教学应该遵循历史学习的本来目的，根据历史学纵深化发展的进程展开。具体来说，从明治维新开始，通过日清战争（中方称"中日甲午战争"^②）、日俄战争、第一次世界大战、日中战争、太平洋战争、朝鲜战争、日本结束占领军接管、冷战、中苏争端

---

① 2004 年，亚洲杯足球赛决赛在北京举行，日本队获得冠军，中国队获得亚军。中国球迷因对日本队一个进球的裁判判罚有争议而喝倒彩，这件事的发生加剧了两国国民之间对对方形象的负面评价。——译者注

②日方称：日清战争；中方称：中日甲午战争。

中的美中及日中邦交正常化，讲到苏联解体及东欧剧变，之后应与现代社会、政治经济科目衔接。在此基础上，追溯到战国时代，经过江户时代，联系到明治维新。然后，重复这个过程，并逐渐切换到追溯历史的教学方法中。结果是，虽然没有时间教古代历史，但是比起与古代相关的历史知识，不言而喻，关于近现代史的知识对于现代社会的生存更为重要。如果采用这种方法，为了避免使授课教师负担过重，就必须从根本上修订教学大纲，这比起开设"近现代史"新课要容易得多。

日本还有必要掀起针对全体国民的历史教育运动。当然，日本政府不允许侵犯思想、信仰自由，但是可以从侧面支持日中邦交正常化等主题的电影制作，给予它们文部科学省推荐资格。一方面把本论中明确的"日中互不信任的危险构造"用通俗易懂的方式传达给日本国民，另一方面从侧面支持"日中真正睦邻友好"题材的电影制作。

结束语

2002 年，中国学者时殷弘、马立诚等提出了"对日新思考"，且强调日本对中国工业现代化提供援助的陈锦华在 2003 年 10 月着手撰写和编辑《国事忆述》，2005 年该书出版。这反映出中国政府努力缓和中国对日负面情绪。就像本书第二部分第六章阐述的，中国对日情绪在 2006 年以后得到了大幅改善。从中国年轻人十分喜爱日本动漫、音乐中，人们看到了日中向实现真正和睦友好迈出步伐的希望。在温家宝总理的推动下，SMAP（日本偶像组合）得以在中国公演。2011 年 10 月 22 日，"新日中友好二十一世纪委员会"拜会温家宝总理时，温家宝总理提到了两国国民情感的问题，他做了主题是"民意是日中间的基础，让二十一世纪委员会成为国民情感桥梁"的发言。中国领导人充分认识到本书指出的存在"日中互不信任的危险构造"，任其发展贻害无穷。笔者认为需要朝着解决它的方向作出必要的努力。

对此，日本的状况不容乐观。日本国民对华情感日趋恶化，"亏欠中国的已经还完"的"误解"根深蒂固，难以消解。笔者指出的事实是，中国百姓只看到日本是一个"忘恩负义的国家"，日本国民难以令人信任、难以接受。日本国民陷入这种"误解"的原因是，日本政府没有把"草率"应对中国百姓的事实积极地告知国民。因此，日本政府首先要纠正日本国民的"误解"，希望从认真努力做事开始。政府把过去的"草率"告知国民，当然在国民面前坦白过失将会伴随巨大的困难。但是，不这样做的话，日本国民就不会具备"把谢罪坚持下去的真正勇气"，不付诸实行本书中笔者主张的措施，就不会得到国民的支持。于是，中国百姓"对日根本性否定情感"就永远不可能化解，日本在国际社会中不可能成为一个赢得尊敬的国家。日本政府如果把中国百姓"对日根本性否定情感"搁置一边的话，那么必须接受此举给日本带来的巨大危害。日本政府应该反思美国政府的勇气，美国承认了过去把日裔美国人关押在强制收容所中的过错，道歉并给予赔偿。因为认错、改错，进一步提升了日美两国国民对美国政府的信赖和支持。日本政府应在充分斟酌本书主旨的基础上，通过积极实行前述的诸项措施获得日中两国国民的信赖和支持，笔者衷心希望为实现日中两国真正的和睦相处开拓新的道路。

参考文献

日文文献

［1］朝河貫一『日本の禍機』，講談社 1987 年。

［2］イザヤ・ベンダさん（山本七平訳）『日本人と中国人』、祥伝社、2005 年。

［3］石井明・朱建栄・添谷芳秀・林暁光編『記録と考証――日中国交正常化・日中平和友好条約締結交渉』、岩波書店、2003 年。

［4］入江相政『入江想政日記（第 6 巻）』、朝日新聞社、1991 年。

［5］衛藤瀋吉著作集編集委員会編『衛藤瀋吉著作（第 3 巻）20 世紀日中関係史』、東方書店、2004 年。

［6］NHK 取材班『周恩来の決断』、日本放送出版協会、1993 年。

［7］外務所『わが外交の近況　昭和五五年版』（第 24 号）、1980 年。

［8］加藤陽子『それでも、日本人は「戦争」を選んだ』、朝日出版社、2009 年。

［9］栗山尚一（中島琢磨・服部龍二・衛藤名保子編）『沖縄返還・日中国交正常化・日米「密約」』、岩波書店、2010 年。

［10］高坂正堯『高坂正堯著作集（第 1 巻）海洋国家日本の構想』、都市出版、1998 年。

［11］時事通信社政治部編『ドキュメント日中復交』、時事通信社、1972 年。

［12］清水美和『中国はなぜ反日になったか』、文芸春秋、2003 年。

［13］清水美和『中国が反日を捨てる日』、講談社、2006 年。

［14］清水美和『「中国問題」の内幕』、筑摩書店、2008 年。

［15］清水美和『「中国問題」の核心』、筑摩書店、2009 年。

［16］新日本製鉄株式会社中国協力本部『上海宝山製鉄所プロジェクトレポート総集編』、1986 年。

［17］田川誠一『日中交渉秘録——田川日記 14 年の証言』、毎日新聞社、1973 年。

［18］田中清玄『田中清玄自伝』、文芸春秋、1993 年。

［19］陳錦華（杉本孝訳）『国事憶述』、日中経済協会、2007 年。

［20］東京大学東洋文化研究所田中明彦研究室 . 日米関係資料集 1961—1970［OB/OL］.http://www.ioc.u-tokyo.ac.jp/~worldjpn/documents/indices/JPUS/index61-70.html.

［21］中江要介『日中外交の証言』、蒼天社出版、2008 年。

［22］中江要介（若月秀和・神田豊隆・楠綾子・中島琢磨・昇亜美子・服部龍二編）『アジア外交動と静』、蒼天社出版、2010 年。

［23］中曽根康弘『日本の総理学』、PHP 研究所、2004 年。

［24］永野信利『天皇と鄧小平の握手——実録・日中交渉秘史』、行政問題研究所、1983 年。

［25］二一世紀中国総研編『中国情報ハンドブック（2011 年版）』、蒼天社、2011 年。

［26］服部龍二『日中国交正常化　田中角栄、大正平芳、官僚たちの挑戦』、中央公論社、2011 年。

［27］早坂茂三『政治家田中角栄』、中央公論社、1987 年。

［28］早坂茂三『早坂茂三の「田中角栄」回想録』、小学館、1987 年。

［29］平野実『外交記者日記：　大平外交の二年（上・中・下）』、行政通信社、1978 年。

［30］古川万太郎『日中戦後関係史』、原書房、1981 年。

［31］丸川知雄.「日本の対中国政府開発援助」［EB/OL］.http://warp.ndl.go.jp/info:ndljp/pid/1022127/www.mof.go.jp/jouhou/kokkin/tyousa/kaihatuenjo−7.pdf.

［32］森田一（服部龍二・昇亜美子・中島琢磨編）『心の一灯』第一法規、2010 年。

［33］矢吹晋『日本の風穴　未来に向かう日中関係』、勉誠出版、2004 年。

［34］吉田茂『回想十年（第 2 巻）』、新潮社、1957 年。

［35］吉田茂『回想十年（第 3 巻）』、新潮社、1957 年。

［36］ロバート・マクナマラ（仲晃訳）『マクナマラ回顧録』、共同通信社、1997 年。

中文文献

［1］江泽民.江泽民文选（第一卷）［M］.北京：人民出版社，2006.

［2］国家统计局.中国统计年鉴 1981［M］.北京：中国统计出版社，1982.

［3］中共中央党史研究室.中国共产党党史（第二卷）（下册）［M］.北京：中共党史出版社， 2011.

［4］中共中央文献研究室.邓小平画传（下册）［M］.成都：四

川人民出版社，2004.

[5]《宝钢志》编纂委员会.宝钢志［M］.上海：上海古籍出版社，
1995.

[6]邓小平.邓小平文选（第三卷）［M］.北京：人民出版社，
1993.